过目不忘的读书法

読んだら忘れない読書術

[日] 桦泽紫苑 著

中国青年出版社
CHINA YOUTH PRESS

图书在版编目（CIP）数据

过目不忘的读书法 /（日）桦泽紫苑著；张雷译.
—北京：中国青年出版社，2016.5
ISBN 978-7-5153-4097-5

Ⅰ.①过… Ⅱ.①桦…②张… Ⅲ.①读书方法 Ⅳ.①G792

中国版本图书馆CIP数据核字（2016）第047411号

过目不忘的读书法

作　　者：[日]桦泽紫苑
译　　者：张　雷
责任编辑：肖　佳
美术编辑：李　甦
出　　版：中国青年出版社
发　　行：北京中青文文化传媒有限公司
电　　话：010-65511272 / 65516873
公司网址：www.cyb.com.cn
购书网址：zqwts.tmall.com
印　　刷：大厂回族自治县益利印刷有限公司
版　　次：2016年5月第1版
印　　次：2024年11月第17次印刷
开　　本：880mm×1230mm　1/32
字　　数：115千字
印　　张：6
京权图字：01-2015-7557
书　　号：ISBN 978-7-5153-4097-5
定　　价：39.00元

版权声明

目 录
C O N T E N T S

前 📖 言
PREFACE

不要再"过目即忘"了

"书是读过，但里面的内容很快就忘记了！"

"好不容易看了一遍，但基本上没留下什么印象！"

"内容是很有趣，但过段时间就记不起有什么内容了！"

不知道大家是否有以上的感触？！

迄今为止，我一共写了18本书，经常有读者跟我说："桦泽老师，我曾经拜读过您的作品。"

遇到粉丝总是一件令人愉快的事情，于是我就回应道："觉得书里面哪一部分写得还可以啊？""哪些内容对你有帮助啊？"等等。但他们的回答大多与上面许多人的感触一样："读了有一段时间了，细节部分都记不起来了。""很久以前读的了，现在也记不起当时的感想了。"好不容易读了一本书，却没有在脑海中留下什么印象……

貌似，"过目即忘"的人比我想象的还要多。

在读书的过程中，有时会遇到一些令人拍手叫好的文章，有时会学到一些生活中很实用的技能。但是，如果我们看过这些内容之后就将其抛之脑后，岂不是太可惜了！

忘记了，也就是没有在记忆中留下任何印象，这也表明书中的知识没有转化为你自身的知识。如果说得更直白一些，那就是这些阅读对于你并没有起到任何的作用。

即使你用这种"过目即忘"的读书法在一年内读了100本书，最终也如竹篮打水一般，只是白白浪费了时间——话听起来很严厉，但确是实情。没有留下印象的阅读当然也不会对你的工作及生活起到任何的帮助，即使看到了一些很实用的技能，但由于自己没有记住，最后也难以应用到实践之中。

这样的阅读完全无法使读者实现自我成长，只是满足了自己读书的欲望，是一种"满足自我的阅读"。

那么，我们是要认真细致地精读才能记住，还是要花较长的时间去阅读才能保证我们不会忘记呢？遗憾的是，仅仅依靠这些还是完全不够的。

要使读书能够达到"过目不忘"，而不是仅仅满足自己读书的欲望，需要我们掌握一定的技巧，这就是本书将要给大家讲解的一些知识。

大量"输入"才能大量"输出"

说到这里，简短地向大家做一个自我介绍。

我是一名写作人，每年大概出书3本。

另外，我还利用网络媒体为40万人（Facebook页面有14万人点赞，Twitter上面有12万人关注，电子邮件杂志发行15万份等）提供精神医学和心理学等专业领域的知识讲解。具体内容就是：每天发行2500字左右的电子邮件杂志，在YouTube上更新3分钟左右的视频，在Facebook上面也是每天发表文章。

看到这里，肯定会有人问：

"你那么多知识是从哪儿得到的呢？"

"天天写会不会哪天感觉没东西可写啊？"

"每天坚持不懈地做这些事情，你的动力又是从哪儿来的呢？"

如果说有秘诀的话，那就是我平时大量地"输入"。

我每天都会往脑子里"输入"大量的知识，所以每天也能够"输出"20页左右，多的时候有30页左右的内容。也正是因为有大量的"输入"，才有了我每天大量的"输出"。

而这大量"输入"里面，最重要的部分就是读书。

我每个月会阅读20～30本书，并且这一习惯持续了有三十多年。

我每天大量的"输出"（包括写作）就是靠我每月20～30本书的阅读来实现的，当然还需要将这些书的内容记住，留在自己的脑海中。并且，我还需要细细咀嚼其中的含义，将其内化为自己的知识。

也就是说，正是我的读书法支撑了我每天大量的知识输出。

"输出"也不仅仅限于写作或在网络上发布一些知识等，对于在企业里面工作的人来说，有时会有一些例如作报告或者陈述策划方案的场合。如果你能在这些场合展现你平时通过阅读获得的知识和观点，这就是一种"输出"的方式，证明你的阅读已经内化为你自己的知识，能够像你自己的身体一样运用自如，这也就是"真正的读书"。

不能使自我成长的读书没有任何意义

大量的"输入"就好比吃饭，如果不吃饭的话就无法支撑较大的运动量。但是，如果饮食营养失衡的话，运动机能也无法做到协调，所以一线运动员总是对自己的"饮食"非常重视。

同样，如果你能够给你的大脑提供足够的信息与知识等营养的话，大脑也会主动地"输出"一些知识。

先"输入"再"输出"，只有做到"输入"与"输出"循环关系的平衡，才能不断提高你大脑运转的速度。

通过不断的"输入"与"输出"的循环，还可以进一步使你的思维敏捷，达到快速的自我成长。想象力丰富、对事物有着迅速的判断能力，写文章的速度自然也就随之提高。效率提高之后，就能够更加有效地利用自己的时间，4个小时能够完成别人8个小时的工作量。

过目不忘的读书法＝使自我成长的读书法＝改变人生的读书法

在北海道札幌的学生时代，我是一个电影宅男，而现在我生活在东京，每月都做演讲，每年还出版3本书，如果没有日积月累的读书以及我从读书中汲取的无穷的知识，简直不可想象我今天会混成一个什么样子。

并且，我能够很好地利用我通过读书获得的知识。甚至，从事写作这一工作都是依靠我"过目不忘"的读书法带给我大量的知识输入才能够做到的。

所以，我能够做今天的工作完全归功于我的"读书法"。

"过目不忘的读书法"不仅教你怎么去读书，而且会提升你安排时间、写文章、提升注意力等各方面的工作能力。

"精神科医生"+"社交媒体大V"教你"过目不忘的读书法"

在本书中，我将从精神科医生的角度，首次公开大脑科学所支持的"过目不忘的读书法"。

本书的关键词是两个："输出"与"碎片时间"。为什么有了上述两个关键词就可以做到"读书过目不忘"呢？如何通过控制大脑内部的物质来提高记忆效率？等等，本书都将一一解明。

此外，我前面说过，我每天通过社交媒体向40多万读者推送信息。所以，我还会从"社交媒体大V"的角度告诉大家如何利用社交媒体来输出你从读书中获得的知识，以及如何与人分享等等。

遇到一本好书不容易，拿出宝贵的时间去阅读更不容易，如果读完后就那样轻松忘记岂不是很可惜？

希望各位读者能够通过本书掌握"过目不忘的读书法"，使你的人生更加充实与多彩，这也是作为作者的我的无上欣喜吧。

第 **1** 章

为什么要读书？
读书的8种收获

读书能让你实现所有人生重要的东西

你究竟可以从书本中获得什么益处

如果我在网上发表有关读书重要性的言论，肯定会有人留言反驳说："我们不需要读书！"

对你的人生来说，什么是重要的？健康？金钱？时间？亲情？自我实现？……

所有的这些都可以通过读书来实现。

在详细介绍我的读书方法之前，我先说一下为什么我这么痴迷于读书，并且分享一下我在读书中都获得了什么益处。

（读书的收获 1）

知识的结晶 ——"百货商场地下层的试吃理论"

网上信息相当于百货商场地下层的试吃食品

有很多人说："现在是网络时代，网上的各种信息极大丰富，只要你检索一下，什么信息都会有的。"更有极端的人会说："有了网络信息，书本什么的就完全没有必要了。"我觉得这些想法完全是荒谬的。

　　我们到百货商场地下层去的时候，总会发现有很多供大家试吃的食品。随手捏几个尝一尝，也都十分好吃。但是，仅仅靠试吃可以吃饱吗？

　　网上的信息就相当于百货商场地下层的试吃食品，都是将有偿销售的食品切分成小块供大家品尝的，每个也都非常好吃。但是，即使你多吃了几个，也远远是不够果腹的。

　　网上的信息也是碎片化的，也就是说完全不成体系。即使你掌握了一部分知识，也不可能像读书一样对事物的整体有一个系统的学习。

"信息"与"知识"的区别

　　大家拿出一年前的报纸看一下，里面有非常有用的内容吗？恐怕基本上没有什么内容能对你现在的生活起到帮助吧，因为报纸里面大部分都是"信息"。

　　接下来，大家再从书架上找出10年前买的书来看看，恐怕很多书都会让你觉得："果然如此，一点没有过时啊！"甚至还能从很多书中读出与以前不一样的感受。

　　一年之后就过时的是"信息"，十年也不过时的才是"知识"。

　　我们从网络、电视、报纸、杂志等途径获得的内容大部分都是"信息"，从系统的书本上得到的才是"知识"。

　　"信息"是一种事实、一种结果、一种现象。

"知识"是从这些累积的事实、结果和现象中汲取的精华。

当然，从一些博客中也能得到知识，有一些书本上面记载的也完全是"信息"，但大致总结起来可以说：网络上的是"信息"，书本上的是"知识"。

从英语单词上来区分的话，我们这里所说"信息"是"information"，而"知识"是"intelligence"。

从书本上面我们得到的不是"简单的知识"，而是"知识的结晶"，不是单纯罗列的文字信息，而是可用于实践和应用、十年之后也不会过时的"知识的结晶"。

"信息"只是"碎片化的知识"，它需要经过收集、分析、整理、理解、记忆、系统化和完善之后，才能给我们的生活、工作和人生产生帮助，才能被称为"知识的结晶"。

在书本中，作者已经对信息做了分析和整理，并使之系统化。书本记述的是知识，我们可以从其中直接吸取知识，而不用从最基础的工作做起，使知识的学习更为轻松与高效。

当然，"信息"也是很重要的。我们可以从电视中了解最新的新闻事件，可以从网络上瞬间检索到自己希望了解的事情，也可以听到更多人的反馈意见……

今后，我们要在获取必要"信息"的同时，阅读各种各样内容的书籍，保持"知识"和"信息"获取的平衡。

> 读书的收获 2

时间——"时间购买理论"

有"时间"就会幸福

我认为世间有五种东西是很珍贵的：金钱、时间、信息·知识、亲情、健康。

如果让你来选的话，你会认为哪一种东西是最重要的呢？可能每个人的价值观不一样，但我自己认为"时间"是最重要的。因为如果没有时间的话，其他四种东西根本不可能得到。

如果没有时间睡眠的话，就不会有健康。

如果有时间的话，就可以拿出更多的时间去陪伴家人和朋友，加深相互之间的感情。

如果有时间去工作，你就可以挣到更多的金钱。

如果拿出时间去读书，就可以学到更多的知识。

有更多富余的"时间"，你就可以得到一切，自然也会拥有幸福。

但是，每个人每天的时间都是24小时，只有时间是最公平的。所以，我们到底能不能获得成功与幸福，完全就看我们怎样去利用这有限的时间。

一本书让你每天节约30分钟

几天前，我曾拜访过一家小型的建筑公司。早上一开始工作，就有一位业务员对着电脑开始了他的机械、重复性工作。

我就走过去问他："你在忙什么呢？"

"每天都会收到很多垃圾邮件，我正在删这些邮件呢。每天都要浪费我30分钟的时间，但这也没有办法啊！"

听到这些话令我十分惊讶。"现在都什么时代了？怎么还有人每天手工删除数十封垃圾邮件！"这些工作每天花费30分钟的话，一年按照300天计算的话就是150小时的时间损失。

实际上，在不久之前，很多人都会遇到这种情况。但是，Google的Gmail邮箱开发了一种垃圾邮件过滤功能，Gmail用户每天只要花费10秒钟就可以搞定。

用户可以将自己收到的所有邮件转发至Gmail邮箱，通过Gmail邮箱的垃圾邮件过滤功能过滤之后，就可以区分出其中99.9%的垃圾邮件，自己的收件箱中基本上就不会再收到垃圾邮件。

对于Gmail的这一功能，我曾经在我的《邮箱超级专家告诉你如何在工作中使用Gmail邮箱》做过介绍。这本书是有关Gmail邮箱使用的"圣经"，一直畅销不衰。

对于刚才那位业务员来说，就相当于每年浪费了150小时的时间，如果他读了我的那本书，通过Gmail邮箱设置就可以每天节约30分钟的时间，瞬间就可以从这种处理垃圾邮件的工作中解放出来。

仅仅是一本书，就可以每天节约30分钟，一年节约150小时。知与不知的区别，就可以左右你一生中几千个小时的时间，而记载这些知识的正是书本。

同时，能够节约你一生中几千个小时时间的成本=这本书的价格，约为1500日元。

用金钱购买别人的经验

假如一个人想玩Facebook的话，他首先要做什么呢？

自己注册Facebook的账号，然后一边摸索一边尝试利用各种功能。经过不断的摸索，最终才能掌握Facebook大致的使用方法，但这时时间已经过去3个月了。

即使你每天只花费90分钟的时间，总计也需要100小时左右的时间才能够通过自我摸索来掌握Facebook的使用方法。

不过，还有另外一种更为简便的方法——在开始使用之前，首先买一本有关Facebook使用教程的书来看一遍。

通过读书掌握基本的方法之后再开始使用Facebook，原本需要100小时的摸索时间，现在估计10个小时即可掌握。假设你1小时的薪水是1200日元，这就相当于节省了10万多日元。

在开始新事物之前，很多时候是没有必要让自己从零开始探索的。因为有先行者已经花费数百小时的时间探索过，并且总结成了书本，我们只需将书买过来直接学习他们探索的结果。

但我在这儿并不是说"探索精神没有必要"。相反，探索精神是非常重要的，是我们成长和成功途中必不可少的东西。

我在最初接触Facebook和YouTube的时候，也是花费了很多时间去摸索。但是，如果我当时买一本书先学习一下的话，就不用花费那么多时间在"基本操作与基本使用方法"上了，可以直接尝试更高水平的探索，相当于走了一个捷径。

如果将其比作一场马拉松比赛的话，这就相当于直接从10公里处开始起跑，阅读一本书能让你完全处于领先地位。

书中包含了数千人的成功经验与数千人的失败教训，也只有包含众多成功事例与失败事例的集大成者，才能称为书。

如果你今后开始一项新的工作，你是希望完全从零开始挑战，还是希望通过书本学习"数千人的成功经验与数千人的失败教训"之后再开始呢？你觉得哪一种会更有利呢？

当然，别人的经验是不能完全照搬到自己身上的，需要我们在参考别人经验的基础上，来避免自己在挑战过程中出现无谓的错误。通过读书，可以让你避免陷入常见的陷阱，用最短的时间找到成功之路。

读书可以让一天变为72小时

经常有人问我："桦泽老师每天睡几小时？"或者是："这些都是桦泽老师自己做的吗？"

每天更新Facebook、每天更新YouTube视频、每年写3本书、还在医院坐诊，并且每月读30本书、每月在电影院看十场以上的电影、每年还有两次长途旅行……

如果看我做的这些工作，基本上达到了常人的3倍，好像我每天都没有时间睡觉了。

但是，我每天保证有6小时以上的睡眠，也没有雇人，基本上都是自己来完成所有的工作。

别人觉得我像是一个"超人"，但我之所以能做到常人3倍的工作，一天可以达到72小时的工作量，这都是因为我完全吸取了从书本上学到的知识，做到了减时、增效，并将这一方式发挥到了极致。

大部分人的工作和生活中都充满了"多余"——干多余的事情，产生多余的疲惫、因为多余的压力而生病……

想要学习如何避免"多余"、节省大量的时间，你只要买下一本1500日元的书就可以学到。

读书之后，就可以使你大幅地减时增效，像我一样做着别人3倍的工作，同时还能够享受别人2倍的休闲时间。

读书的收获 3

工作能力——"料理铁人理论"

为什么竞争对手随时都做好了准备

在职场中，你是否把某人作为你的竞争对手？

领导刚说了句："谁能在明天内将这本书的内容给我总结一下？"你的竞争对手马上就举起了手。想要在明天内完成这项突如其来的工作，需要有事先的信息收集及对资料的仔细研读，因此你稍微犹豫了一下，但你的竞争对手马上做出了回应。一些人总能在职场中脱颖而出，是因为他们总是随时做好了准备，每当机会来临，总是能够迅速将其牢牢抓住。

为什么你的竞争对手能够随时做好准备，而你总是落后一步呢？这是因为在竞争对手的脑海中，总是有一个自己的"料理台"。

日本富士电视台以前曾经有过一个"料理铁人"的烹饪节目，该节目以料理台为节目舞台，由各位挑战者向道场六三郎、陈建一等料理铁人挑战，最后由嘉宾裁判，决定双方胜负。

节目一开始会公布"本日主题食材"。在料理台上面除了主题食材之外，还会有各种其他食材。一旦公布主题食材之后，马上就鸣锣开始，铁人和挑战者需要在极短的时间内考虑食材的搭配，取得自己所需的食材，然后开始烹饪。节目的挑战时间限定为60分钟，双方选手都需要在这仅有的60分钟之内完成4～5道美味菜肴。

节目充分展现了铁人与挑战者高超的烹饪手艺。在限定的时间内充满了紧张感，还有现场直播的趣味等，即使是一个深夜播出的节目，在当时也取得了很高的收视率。

那么，问题就来了——为什么铁人们能够在"短短的60分钟"内完成4～5道菜肴，并让各位嘉宾赞不绝口？

首先一点，当然是各位大厨们高超的手艺；另一个就是在料理台上面已经摆放好了新鲜的肉类、鱼虾和蔬菜。如果料理台上面没有这些东西，而是让大厨们从"采购食材"开始做起，在60分钟之内做出菜肴恐怕是完全不可能的。

话题回到前面领导安排工作的事儿，如果想接下这份任务，就需要查阅所有相关的书籍和资料。如果你在领导布置下任务之后再开始收集相关信息、购买需要的书籍，恐怕到明天的截止时间之前是不可能完成的。

也就是说，在你的脑海中平时就要给自己准备一个"料理台"，在上面整齐地陈列着与你工作及专业相关的大量知识与信息……

而能够给你带来这些知识和信息的载体就是书本。

通过读书，你可以事先在你的脑海中构建一个"料理台"，即使你的领导要求你"明天把资料总结一下给我"，你也不会因此而焦急。1秒之内，你就可以在脑海中准备好所需的"高级食材"和"新鲜鱼虾"。利用这些上好的材料，马上就可以着手烹饪，即在鸣锣开始后，你就可以开始"总结资料"这项"输出"工作。

如果你的头脑中没有这个"料理台"，在领导布置任务之后，你就需要先从收集、阅读资料开始。相当于鸣锣开始之后，自己先做"输入"的工作，最终留给"总结资料"这项"输出"工作的时间却所剩无几。

那些工作表现突出的人总是日常大量阅读，在自己的脑海中构筑了一个"料理台"，每当有紧急的任务布置下来，他们总能够第一时间挺身而出，时刻做好了准备。

通过读书与你的竞争对手拉开差距

日本人大概每年的阅读量为十二三本，平均下来每月只有一本。但有些数据更加令人惊愕：根据文化厅2013年度的《国语相关舆论调查》，在回答"一个月阅读几本书？（漫画及杂志除外）"问题的人中，回答一本都没有读过的人竟然占到了整体的47.5%。也就是说，将近一半的日本人是没有读书习惯的，真是太令人震惊了！

除此之外，回答"一两本"的人占比为34.5%，回答"三四本"的人占比为10.9%，回答"五六本"的人占比为3.4%，回答"七本以上"的人占比为3.6%。

也就是说，如果你每月的阅读量超过了七本，你在阅读量上面已经超过了96%的日本人。

每月七本乍一听感觉很多，但每四天读一本书就可以达到这个目标。东京上班族平均每天单程的通勤时间为60分钟，四天的通勤时间合计为八小时。如果这八小时拿来读书的话，即使是读书比较慢的人，仅仅利用四天的通勤时间也可以读完一本书。

良好的"输入"会产生良好的"输出"，从而加速自我成长的过程。如果你希望超越你在公司中的竞争对手，那就需要先在"输入"的质和量上取胜。

而这一目标就是每月读七本书。假设你的竞争对手每月读三本书，那么你每月就会比他多读四本书，一年下来就是将近50本书的差距。这样，你就会在"输入"量上与竞争对手拉开差距，甚至很有可能在自我成长的速度上与他产生压倒性的差距。如果在"输入量"上领先，在"输出量"上获胜，在自我成长的速度上领先的话，你就会遥遥领先竞争对手。

为实现上述目标，你要做的第一步就是增加"输入量"，而最简单的方法就是增加阅读量。

另外，日本人中大约有2%的人每月阅读十本书，也就是说你每月读十本书的话，就会超过98%的日本人。

本书就要告诉你如何在每月坚持读十本书的同时做到过目不忘，从而实现自我的飞跃性成长。

想要提高写作能力？读书！

前面也说过，我每年大概出版3本书，每天还更新Facebook上的文章，发送电子邮件杂志，每天还在稿纸上写10～20页的文章，多的时候甚至一天能写30页。

所以，经常有人问我："你为什么能写那么多文章？""你为什么能够写那么快？"

答案很简单——就是多读书！

读书人与不读书人的根本区别就在于是否有"写作能力"。

多读书就意味着能够接触更多的文章，当然就能够提高自己有关写作的知识与灵感。

美国小说家斯蒂芬·金曾经写过《魔女嘉丽》《闪灵》《绿里奇迹》等畅销作品。他在《写作这回事》这本书中曾经这样说过："想要成为作家的话，有两件事是必须做的——多读、多写，除此之外，别无他法，没有捷径。"

《写作这回事》这本书中介绍了斯蒂芬·金为写出更好文章而采取的各种方法，不仅适合小说家，也适合专门从事写作，或者想提升写作能力的人来读。

《写作这回事》这本书大概有300页，内容非常多，但最重要的部分是下面的一句话：

"想要提升写作能力？请多读、多写！"

这就是现代美国代表作家的结论。

这么厉害的美国大作家，每年读多少本书呢？

70～80本！

也许有些人会认为这也并不多，但这要考虑一下美国当时主要是简装书，同等厚度的书，内容相当于现在日本书内容的两倍。换算为现代日本书的话，每年的阅读量接近150本。

所以，每月10本的阅读量完全可以提升你的写作能力，甚至可以使你成为一名作家。

网络时代更加考验你的写作能力

即使是到了现在的网络时代，写作能力同样非常重要。

现在的公司里面，不论是正式文件还是简要通知，基本都是以邮件形式传送。每日的日报和报告书等，都需要在电脑上形成文章。不久之前，大家都是靠口头传达，而现在更多的是通过文章的"写和读"来传达信息。

不仅仅是工作上，我们与朋友的交流、谈恋爱，甚至是家长与孩子之间，很多联络都是以邮件和短信的形式，写作已经完全融入我们的生活之中。所以，能够将自己的想法准确地以文章的形式表现出来，会让你在工作中有更出色的表现，会让你在和朋友、恋人和家人的交往中更能够自如地表达感情。

所以，在互联网时代，写作能力是我们必不可缺的一项基本能力。

而提高写作能力的方法就如同斯蒂芬·金所说的那样——唯一的方法就是"多读、多写"。

不读书、不写作，想要提高写作能力完全是天方夜谭。

换成我们这本书中的说法，提高写作能力就是不断地输入与输出，并不断重复这一循环。以输出为目的进行输入，输入之后就进行输出，然后将输出的结果进行反馈，以进行下一轮的输入。践行本书所推荐的"输出读书法"，将让你的写作能力得到切实的提高。

两句话引起演讲能力的革命性突破

读书能够提升人的工作能力，就具体效果而言，除了提升写作能力之外，还能够提升哪些工作能力呢？

工作能力具体包括很多方面：营销能力、沟通能力、决策能力、问题解决能力、时间管理能力、演说能力、人才培养能力、领导能力，等等。

实际上，通过读书，可以提高以上的所有能力！因为如果你到书店看看的话，就会发现不论有关哪个方面的能力提升，你随便都能找到十本八本的。

读书能够提升人各种方面的能力，但还是有很多人根本不读书，或者是读过之后根本不付诸实践。只要能够认真实践书中的知识，很多人的能力都可以得到很大的提升，但可惜的是他们没有这么做。

拿我自己举例子来说吧。其实我是一个不善于表达自己的人，特别是在很多人面前说话，更是不知所措。因此，我选择了精神病学专业，因为这种工作基本上都是一对一的谈话。

但是，不论你到底选了什么专业，最终都不可避免地要在众人面前发言，并且这些发言或演讲的机会并不少。在医学领域，经常会组织一些"学会演讲"，这时就需要在一百多人面前讲话。既然逃不了，那我就做得漂亮一些吧！于是就买了有关演讲的书来读。为了制作更加精美的幻灯片，我还买了一些有关PPT制作的教材。就这样，我一步步使自己的演讲能力得到了提升。

现在，演讲已经成为我工作中重要的一部分。我每个月都会举办一些演讲或研讨会，即使在一百多人面前发言也能够做到毫不畏惧。

有一本书对我的演讲能力提升起到了巨大的帮助作用，这就是《演说之禅》。在这本书中，对演说观点的提炼、如何设计有冲击力的幻灯片，甚至包括演说的技巧等都进行了详细的说明。我当时读这本书的时候在每一页都能够发现新颖的观点，其中最令我受到冲击的是——大卫·S.罗斯在书中说过的两句话：绝对禁止将你的PPT直接印刷后发给听众，在演讲开始前发放有关演讲内容的资料更是荒谬至极。

读了这两句话之后，我仿佛被雷劈到一样惊呆了——将PPT印刷出来，并在演讲开始前发放，这不就是我一贯的做法吗？因为我一直认为有这些资料的话，可以帮助后面看不到屏幕的人了解讲解内容，并让他们有地方做笔记。并且，我一直以为在演讲前发放资料是一种常识，也是对听众的一种最好的关照，然而这个常识竟然完全是错误的。

于是，从之后的演讲开始，我就改为演讲结束后再发放资料。

不料，这竟然引起了惊人的变化——不仅参加者的眼神更亮了，而且我发现他们全部都在全神贯注地听我的演讲。

这一现象在之前先发放资料时是不可能出现的，当时，不论你演讲得多么热火朝天，总会有一些人在埋头阅读手头的资料，还有一些人忙着在空白的地方做笔记。

改变发放资料的时间，可以让听众更加注意演讲者的言论，他们的注意力一下子能提高数倍，参与演讲和讨论的收获也随之提高。在演讲后的问卷调查中，也得到了大家的一致好评，满意度大大提高。

自从改为资料会后发放后，参加研论会的人急剧增多——以前勉勉强强能够来30人左右，现在每次都在50人以上，甚至不经意间能容纳100人的会场都坐满了人。原来是有很多人听过之后非常满意，后面自己又跑过来重复听讲。

仅仅就靠一本书，并且只是践行了其中的两句话，就使我成为百人讲堂的人气讲师。

一本书使我的"演讲能力"得到了革命性的突破，所以读书能够提升我们工作能力的论点是完全没有问题的。

读书的收获 4

健康——"缓解压力理论"

读书可以缓和你的压力和不安

能够善于利用书本知识的人，可以缓解自己的压力，并能从因烦恼而起的焦躁不安中解脱出来。但是，很少有人知道这一事实。

这是因为，爱读书的人即使面对一些问题和烦恼，也可以以书本为参考，在初期阶段进行解决，从而避免出现更大的忧虑及困扰。而对于基本不读书的人来说，在面对烦恼的时候，他们很少会想到通过读书来解决问题。

如果一个人压力过大，心头一直被烦恼的事情所压抑，就会变得"视野狭窄"——只考虑眼前的事情，也想不出更多的解决问题的方法。

对于人类来说，烦恼基本都是共通的——人际关系的烦恼、工作上的烦恼、恋爱的烦恼、金钱的烦恼、孩子教育问题、成长的烦恼、有关疾病及健康的担忧……而对于如何解决这些烦恼，在已经出版的书里面基本都可以找到解决方法。

如果能切实按照书中的方法去面对，基本上大部分的烦恼都可以得到解决，最不济也会减少这些烦恼带来的压力。

但不可想象的是，那些处在烦恼中的人，基本上不会考虑通过读书来解决问题。他们不在这个时候读书的理由大致都是："哪有闲工夫读书啊！"

在有"压力"和"烦恼"的时候，大多数人的心理都会变得很焦虑。试问一个平时都不怎么读书的人，在这种心理状态下能够沉下心来读书吗？答案肯定是做不到。

精神科的患者对于自己的病情总是有很多问题，在精神科门诊医生的手头总是放有一本《精神科常见病简易问题&答案集》，在口头做一些说明之后，就会递给患者这样一个小册子："详细的内容这里面都有，回去好好读一下。"

下次再过来的时候，医生就会问：“回去读了吗？”大部分患者都说“没有读”。

“为什么没读呢？”

“哪有心情读这些东西啊！”

结果，小册子里面本来就有的一些问题说明，他们又拿过来重复问了好几遍。

如果你担心自己病情的话，只要读一本书，基本上关于这种疾病的疑问都会得到解决，也会消除你对疾病的担忧与不安。但是，很少有人会自己去书店买有关疾病的书来读，甚至你将小册子送到他们手中他们也不会翻一下。

平时都没有买书和读书习惯的人，等他们患病之后焦急不安时，更没有可能去读书了。

了解解决方法可以减轻压力

看了上面我的言论，肯定会有人出来反驳说：“你再怎么学习解决方法，实际问题没有得到解决不还是一样没有意义吗？心理压力不还是一样的吗？”

即使了解到解决烦恼问题的方法，烦恼问题不解决的话心理压力还是一样的——脑科学已经证明这种观点是错误的。

下面和大家分享一个有趣的实验。

在两个笼子（A和B）中分别关有1只老鼠，然后对它们实施电击。但是，只有A笼子中有一个踏板机关，踩踏后可以同时停止对两只老鼠的电击。A、B两只老鼠受到的电击次数与电击时间完全是一样的。

在受到几次电击之后，A笼子中的老鼠掌握了停止电击的方法。那么，大家认为可以通过踩踏踏板停止电击的老鼠A和一直担心电击却无计可施的老鼠B之间，哪只老鼠的心理压力会更大呢？

实验的结果证明，虽然两只老鼠受到电击次数与电击时间完全一样，但无计可施的老鼠B的压力明显要更大一些，很快就出现了衰弱的现象。

由此可以得出，虽然承受压力（电击）的时间、次数完全相同，但由于了解了如何控制痛苦，由此带来的压力与不安便大大降低。

也就是说，在茫然不知所措的状态下，压力是最大的。而在了解如何应对、如何解决之后，心里就会产生一种状况可控的感觉，即使现状完全没有改善，也可以消除大部分的心理压力。

言语信息可以消除不安

还有一个科学根据证明了解解决方法之后可以减轻心理压力与不安情绪。

科学研究表明，不安情绪的产生是与小脑扁桃体部分有关的，基本上可以说：小脑扁桃体兴奋＝不安情绪。

一般认为，抑郁症就是因为人长期处于压力之下，扁桃体兴奋的开关时常处于ON的状态无法复位而引起的。所以，抑郁症患者会经常感到心里不安，什么事情都考虑得比较消极。

反过来说，我们如果能够抑制扁桃体的兴奋，不就可以降低心里的不安吗？通过脑功能成像技术研究发现，当言语信息进入大脑之后，可以观察到扁桃体的兴奋得到了抑制，同时消极情绪也稳定下来，心情得到了改善，判断能力随之提高。

当孩子跌倒时，大人总是说："不疼了、不疼了……"好像是咒语一般，孩子会觉得疼痛减轻了，这既有一种心理暗示在里面，同时也是因为"言语信息的进入使不安情绪得到了抑制"。

在医生开药的时候，如果只说"把这个药喝了"，恐怕大家心里都会觉得没底，但如果医生能够仔细说明一下的话，心里就会变得比较踏实。

"信息"能够缓和人的不安情绪。

大脑的言语信息输入有"说""听"和"读"等各种方式，其中与人交谈，从别人那儿得到信息的方式是最有效果的，但"说"和"听"都需要有别人的配合。

但"读"就不需要有人配合了，只要你有买书的钱，即使只是你一个人也可以做到。

如果有什么担忧的事情，好的解决方法就是买一本相应的书籍去读一下。"言语信息"可以减轻不安情绪，了解解决方法也可以降低你的心理压力。

爱好读书、善于读书，可以降低大部分的不安情绪与压力，做到对自己情绪的掌控。

6分钟的阅读可以降低2/3以上的压力

读书有缓解压力和消除不安情绪的作用，那么实际研究的结果是什么样呢？

英国的萨塞克斯大学曾经就缓解压力方面做过研究，以心跳数来测定读书、听音乐、喝咖啡、电视游戏、散步等的效果。结果表明，读书可以缓解68%的压力、听音乐可以缓解61%的压力、咖啡可以缓解54%的压力、散步可以缓解42%的压力、电视游戏可以缓解21%的压力，其中读书的效果是最明显的。另外，在安静的地方读书，只需要6分钟的时间就可以达到缓解压力的效果，可以说是立竿见影。也就是说，在安静的地方读书6分钟的话，就可以降低2/3以上的压力。

读书的收获 5

更加聪明——"读书使大脑灵活理论"

读书使大脑更加聪明

之前的我根本说不上聪明，起码在高中和大学之前都是这样的。现在，我的高中和大学同学在得知我已经出版十几本书，并且到处演讲时，都是一副惊讶不已的表情。

不过，与大学毕业时相比，我确信我的脑子变得更加聪明了，不论是思考能力、分析能力、注意力、写作能力、思维能力、问题解决能力等，都比以前进步了很多。

其中的原因就是我每月读30本书、每天写文章，并且将这一习惯坚持了三十多年。

为了能够持续写书，我需要不断地知识输入，现在我的"读书"和"写文章"已经变为相辅相成的事情。在不断的读书与写作中，我的思维能力更加开阔，总能想出别人想不到的新颖观点。

特别是2007年我辞去专职坐诊医生的工作后，开始成为专职作家，我各方面的能力也得到了飞跃性的提升。这是因为我的自由时间增加后，读书带来的知识输入与写作带来的知识输出都飞跃性地提升。

很多人都误认为脑子变聪明就是知识面更加宽广，其实并不是那样的。读书不仅使我们的知识更加丰富，并且还能提高我们的思维敏捷度，使大脑有更加优秀的表现，这也是科学研究已经证明的。

人类的大脑终生都在发育

很多人认为脑子好与不好是天生的，或者认为脑神经最多到20岁就停止了生长，20岁之后脑细胞只会不断地凋亡。但是，现在已经证明这种观点是错误的。

30年前，我在大学读医学的时候，教科书确实是那样写的。但随着脑科学研究的进步，发现脑细胞在20岁之后也会不断地分裂和生长，并且这一现象会持续终生。

特别是神经细胞的树突部位，会不断延伸，并与其他脑细胞形成网络。这种大脑神经网络的构筑会持续终生。大脑的训练可以使神经网络更加灵活，但如果大脑一直得不到充分的使用，就会变得迟钝、记忆力下降，并最终发展为老年痴呆。

人的能力在出生时就已经决定了的说法是错误的，不论你现在是30岁、40岁还是50岁，只要从现在做起，都可以不断提高自己的能力。

通过对大脑的锻炼，人的能力可以终生不断地进步。

那么，做哪些事情才能不断提高人的能力呢？答案就是"运动"与"读书"。"运动"可以提高大脑的反应敏捷度，这一点是非常重要的，对此我本想做一个详细的论述，但由于与本书主题内容有所偏差，在此不做详细论述。如果有读者想详细了解的话，可以看一下《运动改造大脑》这本书，书中对于运动与大脑的关系做了详细的论述。估计读了这本书之后，你的运动之心就会狂跳不止。

在本书中，我们就详细阐述一下"读书"与大脑变聪明的关系。

苫米地英在《使大脑年轻15岁的方法》这本书中这样明确地说道——"IQ的高低实际上是与读书的数量成正比的"，"读书越多，IQ越高"，"读书是提高IQ最有效的手段"。

此外，我们再分别介绍一下其他的一些研究数据，看看读书是如何影响智力及大脑的。

● 除了遗传因素之外，读书量对IQ的影响是最大的。关键的不是你读了什么，而是你读了多少。（读书量对IQ的影响）——美国爱荷华州立大学研究结论。

● 上年纪后的读书可以使精神衰退降低32%，反之如果基本不使用大脑则会使精神衰退提高48%。（读书与防止大脑老化）——美国拉什大学研究结论。

● 平常喜欢读书及智力游戏的人患上阿尔茨海默症的风险会更低。（读书与预防老年痴呆）——美国凯斯西储大学研究结论。

● 读书的过程中，大脑的脑前额叶、顶叶、颞叶、枕叶等各部位都会参与运动，得到活化。特别是在朗读时，活化的效果更加明显。（读书可以活化大脑）——日本东北大学川岛隆太教授的研究结论。

● 额叶前部的DLPFC（前额叶背外侧皮层）是影响智商的重要部位，还可以控制人的精神注意力。这一部位在认真读书的状态下会非常活跃。（读书可以提高精神注意力）——茂木健一郎。

● 通过阅读文学作品，可以使人更加容易地通过别人的表情了解到他内心的感情。（读书与同感能力提升效果）——美国新学院大学研究结论。

通过以上各种研究可以看出，读书可以提高人的"记忆能力""思考能力""精神注意力""分析能力""同感能力""沟通能力""创造能力"等。

最近的说法认为，一个人能在社会上取得成功，不仅需要有IQ，更需要有EQ（情商）和SQ（灵商）。在EQ和SQ中，与社会及他人的"同感能力"又占有非常重要的部分，可以通过读书，特别是阅读小说来提升。

我们获得知识和信息的渠道都是通过"语言"这一形式，学校的学习也是离不开语言与文字（教科书）。

也就是说，语言能力（语言的处理、理解能力）高的人，可以更有效地获得知识与信息。读书不仅可以增加个人的知识与信息，同时还能锻炼自身的"语言能力"。所以，读书最终能够使人更加聪明。

读书的收获 6

改变人生——"命运之书理论"

读书可以改变你的人生

你对于自己现在的生活、工作和收入都满意吗？

我想，大部分人都是不满意的吧。

"想收入更高一些。""我还有更多想做的事情。""我想逃离现在的生活。"——虽然很多人都怀有这样的期望，但没有做出什么行动去改变现状，日子就这样一天天过去。

最终自己会觉得做什么都不会成功，陷入一种无能为力的状态。

但是，如果你什么都不做的话，现状是永远都不会改变的。

如果你从心底希望改变现在的生活、工作和收入的话，我建议你去"读书"。

为什么这样说呢？因为书中有这个世界所有问题的解决方法。在将来遇到困境时，如果你能够掌握更多的看问题的角度与应对方法，就可以避免陷入绝境，使自己的未来有更多的选择可能性。

如果你想要"改变自我"或者是"改变自己的未来"，我认为需要做的事情就是读书。

依靠自己的脑子来应对各种情况，总是有限的。但是，如果读书的话，就可以借用书中成千上万人的智慧。

对于独自难以解决的问题、无法超越的障碍，只要借用前人的智慧，基本上都可以轻松解决。因此，改变现状也不是一件很难的事情。

如果你想改变什么的话，那就先从"读书"做起吧。

"桦泽老师，你怎么选择做精神科医生了呢？"

"桦泽老师，你怎么选择做精神科医生了呢？"这是人们经常问我的一个问题。

我当初进入医学部的时候，是打算将来做"内科医生"的，根本都没有考虑过要做"精神科医生"。但是，在学习医学知识后，经过内科和外科的临床实习阶段，我的想法产生了一些改变。

不管是在哪个科或者是哪个医院，总会有病例研讨会。研讨会的内容就是实习医生或年轻医生对患者的病情做一个说明，然后由经验丰富的医生或教授来提问或提出建议。在研讨会上，医生说明的内容都是一些检查数据——血液检查数据、X光照片、CT及MRI（核磁共振成像）照片的结果等。

在说明的内容里面，完全不存在患者的"个性"或者"人类属性"，当然也不存在患者的"希望""意志"等。对于医生来说，他们面对的就是疾病与数据，完全不是一个"与疾病做斗争的活生生的人"。

当然，我并不是说所有的医生都是这样，有可能因为是在大学附属医院，所以这种倾向更加明显一些吧。

但是，这些没有"人性关怀"的医疗给了我巨大的冲击，这不是我所期望的医疗场景。

在这种情况下，终于轮到了精神科的临床实习阶段。精神科的心理咨询就是花30分钟到1小时的时间与患者深入交谈，彻底分析患者的病情，使我感觉到这里的人情味很浓，是真正的人与人的真诚对待。

但是，我本来是希望成为内科医生的，现在却在成为"精神科医生"与"内科医生"的选择之间摇摆。当时，日本的医学专业分科是由医学生自己选择的，但要在第六年的暑假后做出决定，毕业后就可以从事自己选择的医学专业。

改变我人生的"命运之书"

也就是说，在医学部第六年的夏天，我要对自己将来的方向做出选择。

有一次我偶然到书店去逛，刚好赶上角川书店的图书展览，然后我就在那些整齐排列的书籍中发现了自己感兴趣的一本书——《脑髓地狱》。

当时，《脑髓地狱》这本书已经被翻拍成电影，电影也非常有趣，所以我一直想把原作买来看看。当看到这本书之后，我就毫不犹豫地买下来了。

该书是一本以人类精神为主题的小说，主人公是一位丧失记忆的青年，住进了九州帝国大学医院的精神病科，一直在试图回忆自己到底是谁。小说以主人公与主治医生的对话为主线，在描述精神病患者心理的同时，也生动地展现了精神科医生在做心理咨询时的工作场景。

不过，这本书的内容显得有些支离破碎，读着读着就会让人不知所云，但结果超乎读者的想象。

《脑髓地狱》是一本奇文小说，被推举为"日本四大推理奇书之首"，据说读此书之后，肯定会"一度精神失常"。这种说法有些言过其实，但能让读者切实感觉到精神世界的深奥与不可思议。

读了这本小说，我顿时大彻大悟："精神医学是这样一门深奥的科学，只有这门医学才值得我为之终生奋斗。"

我的朋友中曾经有人读了手冢治虫的《怪医黑杰克》而当了外科医生，但从来没有人读了《怪医黑杰克》之后而从事精神科医生这一职业。

如果在当时我没有遇到《脑髓地狱》这本书，也许后来就不会做精神科医生，也就不会成为作家，也许现在的我正在北海道某个乡下的医院从事内科医生的工作。

所以，我的"命运之书"就是《脑髓地狱》这本书。

书就是这样影响了一个人的人生，给了我一个改变命运的大机会。

寻找你的"命运之书"

对你自己来说，有没有自己的"命运之书"呢？

很多人也像我一样，因为一本书而改变了自己的前进方向，甚至改变了自己的梦想和人生目标。

人都是依靠自己的经历和经验对事物做出判断，但大约一半的日本人基本不读书，只能依靠自己贫乏的经验来做出判断，就像是一只"井底之蛙"。

依靠自己的经历和经验来对事物做出判断的人只能在自己既有的人生道路上持续地跑下去，对于自己所处的井底之外的事物完全没有了解，也就不会有跳出井底的想法。

书本中有很多别人的经历和经验，很多是自己一生都不可能经历的事情，从中可以学到成千上万人的生活方式和生活道路。

在此之中，也很有可能遇到适合自己的天赋、符合自己人生价值、能够实现自己梦想的人生之路。

如果你能够找到自己的"命运之书"，也可以深刻地改变自己的人生命运。

选项越多越好——"四选一好于二选一理论"

前几天在居酒屋喝酒的时候，旁边的座位坐着4名大学生，正在谈论找工作的事情。他们几个好像工作都不太好找，感觉非常苦恼。

经过一番讨论后，A男说道："这个那个说了一大堆，我将来一定要找一个年收入1000万日元（约等于53万人民币）的工作。"然后B女就立刻接了一句："那只能在商社或者媒体行业找工作了！""是啊！好像1000万日元的年收入是有点不现实。"A男又遗憾地说了一句。

那么，大家能想到多少种方法可以达到"年收入1000万日元"呢？

对于A男和B女来说，他们只想到了在"商社或者媒体行业工作"的方法，但是社会中有很多工作都可以"年收入1000万日元"——自己创业、做兼职、在公司中升到部长或董事的职位、考取职业资格后转行、攒钱开品牌专卖店、贷款买房后收租金、炒股和炒外汇、开网店、代购、写书拿版税、嫁入豪门、迎娶白富美、买彩票中头等奖……

能想象出10种方法的人与只能想到1种方法的人比起来，哪个"年收入1000万日元"的可能性更大一些呢？

类似于A男与B女，如果他们唯一想到的"进入一流公司"的方法无法实现，那么他们就必须放弃自己"年收入1000万日元"的梦想。

另外，如果他们希望通过自己的创业实现"年收入1000万日元"的理想，他们找工作的方向也会随之改变——不仅仅是着眼于收入高的"一流公司"，同时也可考虑有助于自己将来创业、能够积累经验的中小企业，从而扩大自己的择业范围。

人只可能先有想法才会去付诸实践，如果自己连这种可能性都想不到的话，当然也就谈不上朝着这一目标去努力了。

所以，想要自己"年收入1000万日元"，首先要能够想出几个"年收入1000万日元"的方法。只有选项多了，目标实现的概率才会更大，自己的人生才能够有更多的可能性。

关于如何实现"年收入1000万日元"，如果你到书店看看的话，就会发现能够轻松搜集到上百本。如果你真有"年收入1000万日元"的梦想，就可以从中选出适合自己的一本书来认真学习，并加以实践。如果你连选项都没有的话，想努力奋斗都没有方向。

书读得越多，将来的选项也就越多。如果你原来只有两个选项，读书之后就会变成四个。有限的未来与无限的未来，哪个才是你希望选择的生活呢？

读书可以带来金钱与成功

"想要更多的金钱"，"想增加收入"，"想去待遇更好的公司"——很多人都有这样的愿望，但当被问到"如何才能实现这些愿望呢"，他们却很少有人能够自信地给出答案。

金钱不会从天而降，但很多希望获得更多金钱的人并不知道从何做起。

金钱是对人的劳动价值的等价补偿。也就是说，只要你还是现在的你，你的收入就不会有飞跃性的增长；相反，如果你个人取得了进步，能够创造更高的劳动价值，你的收入就会得到增长。

知识、经验、商业技能、沟通能力、人格魅力、外贸、职业资格等等，各种方面的能力都可以通过读书来提高，使自己得到成长，从而提高自己的价值。

读书与收入成正比

很多人不喜欢读书，但如果读书能够提高收入的话，相信很多人读书的热情马上就会高涨起来吧！

实际上，读书量与年收入是成正比关系的。有很多关于读书量的调查，基本上调查的结果都认为年收入越高的人读书越多。

例如，日本经济新闻社产业地域研究所在2009年以全日本20～60岁的1000名男女为对象，实施了月度购书费用调查。

结果表明，与2006年的调查结果相比，20～30岁的年龄层中，年收入在800万日元以上人群的月度购书费用增加了19%，达到了2557日元；年收入不到400万日元的人群的月度购书费用减少了24%，为1914日元。

可以看出，年收入越高的人群的月度购书费用越多，年收入越低的人群的月度购书费用越少，读书量与年收入是成正比的。并且，最近这一趋势变得更加明显。

那些不喜欢读书的人看到这一数据肯定会说："收入高了，当然有钱去买书啦！这也说明不了多读书就会有高收入啊？"

如果你遇到了一些喜欢读书的老板或者是喜欢读书的高级白领，可以问问他们是什么时候开始读书的。大部分的回答应该是："年轻的时候""学生时代""从小开始"等。也就是说，这些高收入的人在有钱之前都已经养成了读书的习惯。

读书是一种习惯，对于没有读书习惯的人来说，他们即使变成了有钱人也不会立即开始读书的。

成功管理者的共同点是什么

我和野田宜成是朋友，他是一位管理顾问，迄今为止为9000多人、500家以上的公司提供过管理咨询服务。我就曾经问过野田："成功管理者的共同点是什么？"得到的答案很有意思——基本上成功的管理者都是爱读书的人。

那么，在成功的管理者中，有没有人是不读书呢？当然有不读书的人。但是，这些不读书的管理者，很少有人能够将企业持续经营10～20年。也就是说，那些不读书的管理者，即便一时在公司经营上取得成绩，也很难在商业竞争中连战连胜。

回到前面的话题——一个人的经历是有限的，能够做的尝试也是有限的。但是，书中记载了很多别人的失败教训和尝试过程，如果以这些内容为参考的话，就可以避免一些明显的错误。

利用别人的经验可以节省你自己的时间，使你在最短的时间内走向成功之路。

不读书的人信奉的都是"自我主义"，虽然"自我主义"有时也能取得成功，但并不能保证每次都能取得成功，因为这个社会并没有那么简单。

我们的时间也是有限的，如果你能够有效利用书中别人的经验，节省自己5～10年的摸索时间，那么即使买上100本1500日元的书也是值得的。

想要在商业或社会中取得成功、获得较高的收入，我觉得只有读书这一条路可以帮到你。

读书的收获 7

成长——"自我加速成长理论"

"自我成长"与"行为改变"才是最终目的

读书的最终目的是什么？

"提升工作能力""使自己更聪明""增加收入""成为成功人士"等等，这都是读书的目的，如果概括起来的话，那就是"自我成长"。

心理咨询的目的就是使客户（咨询者）达到"自我成长"与"行

为改变"。心理医生能够耐心地听客户的倾诉，可以使他们在心理上得到满足，但是如果客户的行为没有发生任何改变的话，就相当于一切都没有改变，他们还是会重复昨天的自己。

行为是人对外界变化的一个反应，如果行为没有得到改变，只是在人内心产生了变化，那么现实还是不会有任何改变。

这种理论也适用于我们的"读书"。

大部分人读书之后都不会实践书中的内容，只是通过读书来获得精神上的满足，满足自己的求知欲。虽然满足求知欲也是读书的一个目的，但如果仅仅止步于此，那么即使读100本书也不会对现实有任何改变。

自我成长的实现不仅需要通过读书改变自己内心，更需要改变自己的实际行动，并进一步改变自己所处的环境。

如果以这种方式去读书，就会使自己不断地得到成长，过上幸福的生活。

什么样的方法才能带来"自我成长"与"行为改变"呢？这就是本书接下来将要介绍的知识，但读书的大前提是要能够"记在脑海中"。

读过之后一个月就基本上无法记起书中的内容，或者是读完一周后就没法向别人介绍书中的内容——这样的读书方法是无法实现"自我成长"的。

掌握"过目不忘的读书法"将会加速你的"自我成长"，改变你的现实生活，这也正是本书的目的。

读书的收获 8

愉悦——"读书娱乐理论"

结果愉快不是很好吗？

经常会有人问我："为什么桦泽老师那么喜欢读书呢？"

"为了自我成长！"这样回答的话肯定很高大上吧。

当然，"自我成长"是我读书的最终目的，但我每天一打开书，跳入脑海的第一个想法肯定不会是"自我成长"。

我之所以读这么多书，是因为我感到读书是愉快的，这才是最根本的原因。

每次我翻开书本的时候，第一个感觉就是愉快，所以我读完一本书后会想接着读下一本书。最终的结果就是，我在愉快的心情中一个月之内不知不觉地读了30本书。同时，也在不知不觉中得到了自我成长。

所以，我想反问大家一句："为什么你不想读书呢？"

读经管类书可以使你得到大家的指引，读百科类书可以使你的疑问在瞬间得到解决，读小说类书则会使你仿佛在另一个世界旅行。

一本书仅需1500日元，却可以使你不论在地铁上、咖啡店中、床上等任何地方获得精神上的愉悦，并可以做到一年中的每天都愉悦。

不论何时何地都可以愉悦心情，在快乐中得到自我成长，花费又比较少——除了读书，还有什么别的娱乐能做到这一点呢？我非常喜欢看电影，也兼着一些影评家的工作，但看电影并不是随时随地可以享受的娱乐。

读书对我来说就是"每天的娱乐"，而且是"最高享受的娱乐"。

每当读书的时候，我的内心总是兴奋得扑通扑通直跳，高兴得无法抑制。

在我兴奋高兴的时候，大脑会分泌强化记忆的多巴胺物质。也就是说，以读书为娱乐的方式可以使我的大脑在愉快阅读的过程中分泌多巴胺，从而提高自己的阅读记忆。

不快乐的读书无法得到自我成长

读到这里的话，肯定会有读者指责我说："你前面不是说读书是为了自我成长吗？怎么现在又说是为了娱乐呢？这两者不矛盾吗？"

但是，我认为读书的动机是因为我在读书中得到愉悦的享受，并不是因为"我想实现自我成长"。

以"实现自我成长""对工作有帮助"为目的的读书最终会让人陷入痛苦之中。这是因为你读一两个月的书并不会很快地达到"实现自我成长""对工作有帮助（升职、加薪）"的目的，会让你产生"我都读了这么多书，根本没一点用"的想法，从而打消自己的积极性，最终倒退回一个"不读书的人"。

如果读书过于功利，一开始就想"实现自我成长""对工作有帮助"，读书就会变得很勉强。"为了做好手头的工作，这周内一定要读完""为了做好这份资料，明天一定要大致读一遍""马上要写一份报告，这本书一定要读一遍""暑假作业是写读书感想，一定要读一本书"等等，如果你怀有以上想法的话，读书就会有一种被迫感，这种情况下大脑绝对不会分泌多巴胺物质的。

当读书成为一种压力，即使读了也不会留下什么记忆，更别说掌握其中的内容。

读书的理由就是——快乐！

在快乐中读书，能够记忆深刻，使你掌握更多的知识，自身得到更大的提高。不以"自我成长"为目的的阅读，反而最终会给你带来更为显著的自我成长。

我从"讨厌读书"到"喜欢读书"的转变

快乐读书说起来简单，但确实有很多人就是讨厌读书。实际上，过去的我也是不喜欢读书的。

现在，我每月会读30本左右的书，是一个非常喜欢读书的人。同时，我还执笔写作，很多人觉得我肯定从小就喜欢读书，语文成绩肯定也一直很好，但实际不是这样的。

小学、中学和高中阶段，我最头痛的科目就是语文，每次都是语文的成绩最低。当时我经常想："怎么才能写好作文呢？语文最讨厌了！"但现在回头想想的话，主要原因是我在小学和中学阶段基本上不读书，语文成绩当然就上不去了，这是理所当然的事情。

但是不喜欢读书的我怎么又变得喜欢读书了呢？

这件事我是终生难忘的。高中一年级的暑假,一位同学对我说:"我有一套科幻小说,超有意思,你也读读吧!"然后就半强迫性地塞给我五本书。

当时我十分喜欢看电影,有读书的时间也都去看电影了,所以根本没时间读什么书。

我一听"科幻小说"就来了兴致,因为我非常喜欢科幻及特效电影,当时正在上映《星球大战》,正是我超级喜欢的类型。

我就抱着试试看的心情打开了第一本书,首先是故事背景说明及人物介绍,看得稀里糊涂的,但从最后十页起情节突然变得有趣起来。

然后,我就开始阅读第二本,情节进展也开始加速。到第三本时,完全是停不下来的节奏。"真是太奇妙了!"因为我发现第一本中介绍的背景及人物成了这部分情节的伏笔,故事开始变得超级有趣。到第四本和第五本时,故事情节开始急剧展开,我也被其中的趣味吸引得不能自拔。

一口气读完五本书之后,我突然觉得原来小说也可以这么有趣!

我同学借给我的这五本书是栗本薰的《豹头王传说》的边境篇部分,里面有丧失记忆的豹头面具战士、被敌兵追杀逃亡的双胞胎王子和公主、善于迎逢拍马的佣兵、身份各异的四人组等,他们被命运集合到一起,上演了一个冒险故事。

由于当时正是暑假,我就一直有时间读书,一周就全部读完了。读完之后,我就赶紧给同学打电话:"快点!把接下来的书也借给我!"

从读完《豹头王传说》第五本书的那天起，我对"书"的印象发生了180度的转变。我先是读了栗本薰之前的几本小说，然后兴趣又扩展到了当时比较畅销的菊地秀行和梦枕貘等恐怖和科幻小说家，以及罗伯特·欧文·霍华德、菲利普·K.迪克、霍华德·菲利普·洛夫克拉夫特等奇幻、科幻及恐怖小说家。

高中时代，我单程的上学时间为一个小时。我就将这每天的两个小时作为自己的读书时间，基本上是两天一本，坚持读完了很多书。我利用碎片时间读书的习惯也是那个时候养成的。

与《豹头王传说》的相遇，使我从一个"讨厌读书的人"变为一个"喜欢读书的人"。

现在回头想想，当时我非常喜欢场景宏大的科幻电影，但自己一直没有读过"同样有趣的书"，所以一直觉得自己"在语文方面不行"。

我现在当作家是因为我喜欢读书，喜欢读书后也就希望能够自己写书。追根溯源的话，是高一暑假的《豹头王传说》改变了我，使我成了一个爱读书的人。

我就是那样遇到了我喜欢的一本书。

与我的"命运之书"相遇，也使我从一个讨厌读书的人变为爱读书的人。

从此，一个基本不读书的人变为一个沉湎在读书中无法自拔的人。

在那一瞬间，一个充满无限可能性的空间向我打开了大门。

第 **2** 章

精神科医生"过目不忘"读书法
的三项基本原则

精神科医生读书法的基本原则是什么

我有"三项基本原则"

为什么需要读书？因为读书可以改变我们的人生，这是我希望大家记住的一句话。

从第二章开始，作为精神科医生的我将给大家详细讲解我每天践行的读书法。

首先，我将就我认为在读书中最重要的支柱——可以说是读书方法的"三项基本原则"做一个介绍。

精神科医生的读书方法基本原则 1

10年也不会忘记——"留在记忆中的读书法"

一周输出3次来强化记忆——"三次读书法"

即使读了不少书，但如果内容都忘记的话，最终也起不到什么作用。

"留在记忆中"，也就是让读书获得的知识成为自己身体的一部分，促进自己的成长。

我们需要的是通过读书来改变自我、改变人生。

因此，我们就需要一种"过目不忘"的读书方法。

那么，怎样读书才会将书中的知识"留在记忆中"呢？

我是从学生时代记英语单词的方法中获得的启发。

在我上初中和高中的时候，经常需要背诵英语单词。怎样背单词才有效果呢？根据一些背单词的书中讲解，先背诵一遍，第二天回过头来复习一遍，然后过三天后再复习一遍，一周后再复习一遍。到了这一阶段，背诵过的单词基本上就不会再忘记，可以长时间地保存在自己的脑海中。

在第一、三、七天进行复习，将最初输入大脑中的知识在一周内输出三次，基本上就可以做到"留在记忆中"，这也是在很多书中都论述过的。

很多的大脑科学研究结果证明，最有效的记忆方法就是"将最初输入的知识在7～10天的时间内输出3～4次"。这一结论也适用于学生的应试学习。

每天都会有大量的信息进入人的大脑，如果将所有这些信息都记下来的话，人的大脑很快就会被胀破。所以，除了非常重要的信息之外，人的大脑基本上会将这些信息全部遗忘，这也是大脑对自我功能的设定。

大脑判断信息是否重要有两个标准："能否多次使用"及"能否打动内心"。

第一个标准的"多次使用"的信息就是我们前面说的"一周

内被输出三次"的信息。

人类的大脑会吸收大量的信息，这些信息都被存储在一个叫作"海马体"的地方。

如果让你将昨天一整天的事情叙述一遍的话，估计你能够按时间顺序详细地复述一遍。如果让你将一个月前周一的事情叙述一遍的话，恐怕你拿着当天的日程表可以大致说一遍，但具体到早中晚各吃的什么饭恐怕就完全没有印象了吧。所以，一个月的时间足够让你将详情忘得一干二净。

因为海马体暂时存储信息的周期为1～2周。在这1～2周的期间内，如果某部分信息被两到三次重复使用的话，大脑就会给这部分信息贴上"重要"的标签，然后这部分信息就会被转移到大脑记忆的金库——颞叶部位。信息一旦到达颞叶，就会变成"难以忘却的记忆"，从而被大脑长期保存。

也就是说，海马体负责短期记忆，颞叶负责长期记忆。

如果大家能够将读过的书中的内容很好地从海马体转移到颞叶，就会变成"过目之后十年不忘的记忆"。

加强记忆的4种输出方法——"输出读书法"

大脑科学已经证明，读书之后能够"一周之内输出三次"的话，就可以使短期记忆转变为长期记忆。

那么，具体要怎么"输出"才能够达到这一要求呢？

下面讲一下我平时一直在做的4种输出方法：

① 一边读书一边做笔记，用笔在重要的内容下面画线；

② 给别人讲解书中的内容，向别人推荐你读过的书；

③ 将读书时的感想、发现和名言名句写到Facebook和Twitter上，与别人分享；

④ 在Facebook和邮件杂志中写书评或摘要。

对于上述四种输出方法，如果你能在一周内做了三种，与之前相比就可以极大地强化自己读书后的记忆。

实际上，如果你能就你读过的书写一个书评向别人介绍，即使是五年、十年之后，你都能够回忆起书中的细节部分。

在第三章中，我将和大家详细分享这四种输出方法及其效果。

打动内心能够强化记忆——"脑内物质读书法"

日常生活中身边会发生很多平凡的事情，但我们大部分都会忘记，除非这些事情能够"不断地被提起"，或者"能够打动我们的内心"。

"打动内心"的事情就是能够引起感情的喜怒哀乐变化的事情——非常愉快的初次海外旅行、内心怦怦直跳的第一次约会、一起生活了几年的宠物去世、遭遇交通事故的一瞬间等等。这些事情都能引起我们强烈的感情变化，即使经过了十年或二十年，当时的场景也很难忘记。

对于这些记忆，我们并没有去刻意"复习"或"重复输出"，仅仅是因为事情发生时有强烈的感情参与就留下了深刻的记忆，原因是什么呢？这是因为在喜怒哀乐的瞬间，大脑会大量分泌一些物质，来增强我们的记忆。

据科学研究表明，肾上腺素、去甲肾上腺素、多巴胺、内啡肽、后叶催产素等脑内物质都可以起到提升记忆力的效果。

人在恐惧和担忧的情况下大脑会分泌肾上腺素和去甲肾上腺素，例如在遇到事故、遭受灾难、面对家人或宠物死亡等的情况下。创伤后应激障碍（PTSD）就是因为个体在遭受虐待和灾难后，因为强烈的恐惧感而无法遗忘，导致当时的场景不断重现。脑科学研究证明，该心理疾病的原因就是因为极度恐怖的经历导致大脑分泌大量的肾上腺素和去甲肾上腺素，在大脑中形成了强烈的记忆。

另外，大脑在我们感到兴奋的时候分泌多巴胺，因此多巴胺又被称为幸福物质。小学时郊游的前天晚上总是兴奋得睡不着，这就是大脑分泌了大量的多巴胺引起的。在我们达成某项目标时大脑也会分泌多巴胺，使我们感觉到有成就感。

内啡肽是一种快乐物质，当我们因前所未有的体验而希望表达这种欣喜时，大脑就会分泌内啡肽，使全身产生一种从未经历的舒适感觉。北岛康介在2008年北京奥运会上获得游泳金牌后说："心情超级爽！"当时那一瞬间大脑分泌的就是内啡肽。

后叶催产素并不像名字一样只是用来催产，它同时也是一种有关恋爱的物质，当出现爱情或肌肤之亲的情况，大脑就会分泌催产素。你到现在还不能忘记五年前交往的前男友，这就是催产素的作用。

如果大家在读书时能够让大脑分泌这些物质的话，就可以将书中的内容更长期、更清晰地记在脑海中，这就是利用脑内物质的"脑内物质读书法"。

在读铃木光司的《午夜凶铃》时,你会感到背后发冷,同时也会对书中的内容记得很清楚,这就是因为恐怖导致去甲肾上腺素大量分泌,强化了你对书中内容的记忆。

在读村上春树的新书时,你的内心会非常兴奋,感到极度的喜悦。在你感到极度喜悦的一瞬间,大脑就会分泌出内啡肽。因此,虽然只读过一遍自己非常喜欢的作家的作品,但十年之后你仍能够回忆起其中的细节。

如果在读书时能够有意识地分泌去甲肾上腺素、多巴胺和内啡肽等强化记忆的脑内物质的话,就可以更加清晰、更加长期地记忆书中的内容,这就是"脑内物质读书法"。

关于如何更加有效地分泌去甲肾上腺素、多巴胺和内啡肽等强化记忆的脑内物质,提高读书效果,我们会在后面的章节中详细阐述。

精神科医生的读书方法基本原则 2

高效读书——"碎片时间读书法"

利用碎片时间每月读30本书

当我说"我每月读30本书"的时候,很多人的第一反应就是:"好厉害啊!你竟然有那么多时间读书!"很多不读书的人最大的"借口"就是"想读书却没有时间"。

根据日本文化厅公布的2013年度《国语相关舆论调查》,读书较少的第一位的理由是"工作较忙，没时间读书"，占比为51.3%，超过了半数。也就是说，只要有时间的话，很多人还是愿意读一些书的。

我每月读30本书，这全部都是利用的碎片时间。碎片时间也有各种各样的类型，我的碎片时间主要是交通时间，比如坐地铁的时间及等地铁的时间。

东京上班族的交通时间平均单程为1小时，往返就是2小时。读书比较慢的人利用这2个小时的时间读完一本书比较费劲，但2~3天的交通时间合计有4~6小时，完全足够读完一本书。

各位读者，你们每天的交通时间大概有几个小时呢？

除在家工作的人之外，基本上上班族每天的交通、等待约会等碎片时间约每天2小时，算下来每月就有60小时的时间。

如果将这60个小时的碎片时间拿来读书的话，即使读书速度较慢的人，一个月也能读完10本书。

地铁中玩手机是最大的时间浪费

大家在坐地铁的时候是怎么打发时间的？

想必有很多人的选择都是玩手机——收邮件、回复社交网站的朋友留言、玩游戏等等。

但我认为在地铁中玩手机是最大的时间浪费，因为你没有必要一天查看10遍邮箱，用手机回邮件的速度很慢，倒不如用电脑回复邮件。在手机上花15分钟写的一封邮件，在电脑上3分钟就可以写出来了。

在我的另一本书《不要再浪费时间了！99种简单方法让你每天90分钟处理完邮件和社交网络》中，我提出了"尽力压缩在手机及社交网站上的时间浪费，提高工作效率"的概念。

实际上，我从来没有在地铁上玩过手机，因为我现在用的还不是智能手机。

听到我没有智能手机，很多人都会感到吃惊："像桦泽老师那样的网络达人竟然没有智能手机？"

我没有智能手机的原因是我不需要智能手机。

很多人会在自己的碎片时间用智能手机看邮件之类，但有些人明明面前有电脑，却偏偏要用自己的手机搜索信息、看邮件，大家见过这些现象吧？

前面也说过，我的碎片时间主要是用来读书，不论是等地铁的时间，还是餐厅等吃饭的时间，都会拿出书来看。如果有地方可坐的话，我会拿出电脑来处理工作，如果只有站立的地方，我就会利用这一段时间来读书，从来不会想起来玩手机。

很多白领和商务人士每天都忙于工作，想必各位读者每天也很少有空闲时间，基本上没有人"可以每天拿出3个小时的闲暇时间来读书"。

但是，一天24小时的时间之内，碎片时间总计起来将近有2小时，这占据了我们睡眠时间之外的1/10。也就是说，人生的1/10都是碎片时间。

这些碎片时间就像是一个巨大的金矿，各位是要发掘还是不要发掘呢？

这些碎片时间，是用来读书呢？还是用来玩手机呢？

不同的决定将会使你有不同的人生。

如果你将每天在地铁中的2小时用来看邮件、玩游戏，那么你的收入不会增加1日元；如果你将每天的2小时用来读书，每月读10本书，一年读120本书，十年就是1200本书，你的人生将会发生革命性的改变。

即使你将一半的碎片时间用来读书，每月也可以读完5本书。

对于这人生1/10的碎片时间，你是要浪费掉还是用于自我投资呢？

根据利用碎片时间方法的不同，各位的人生也将有不同的变化！

读书方法就是时间管理方法

白领和商务人士很忙——工作不做不行、喝酒不去不行、家人不陪不行……结果就是他们基本上拿不出时间来读书。

很多人是因为"没有时间才无法读书""只要有时间的话，还是希望读读书的"。

那么，怎样才能确保有时间读书呢？这个问题就相当于你将"读书时间"的优先顺序放到什么样的地位。

如果"查看邮件和短信的时间""与朋友一起喝酒的时间"优先于"读书时间"的话，你在地铁中就会查看邮件和短信，而不是用来读书，每周和朋友喝几次酒而一个月也读不了两本书。

如果你想比现在读更多书的话，首先要做的就是认真考虑一下"读书时间"的优先顺序，减少比"读书时间"优先顺序低的事情的时间，将更多的时间用来读书。

读书多的人都是善于做时间管理的人！读书方法就是时间管理方法！

出门前做出决定，一天能读一本书

即使是想利用碎片时间读书，但大部分人在初期并不能很好地利用碎片时间，一个月顶多读几本书。

我之所以能够利用碎片时间一天读完一本书，是有一些小技巧的——就是每天在出门前下决心"在回家前读完这本书"，也就是给自己设定的一个目标。决定了当天要读的书之后，就放到包里，并尽可能地严格遵守自己设定的目标。

总之，我总是努力将放到包里的书当天读完。

前面我们也说过，设定目标也可以促进多巴胺的分泌，从而起到强化记忆的效果，与漫无目的的阅读相比，记忆的效果要更好。

下决心当天读完的话，就相当于给自己一个限定的时间。当限定的时间要到来的时候，内心就会有一种紧迫感，从而促进去甲肾上腺素的分泌，达到强化记忆的效果。

设定一个"今天内读完这本书"的目标，给自己规定一个时间，就会有一个紧迫感，使注意力提升，促进记忆相关的脑内物质分泌，强化对阅读内容的记忆。

如果当天没有读完的话，第二天还要带着那本书出门。本来都已经读完了80%～90%，再带一天的话是不是有些浪费体力啊！

也许一开始就设定一天一本书的目标有些难以达成，那就设定"三天一本书"的目标，并且暗下决心"三天内读完这本书"。

"三天读完一本书"的话，一个月也能够读完十本书。

精神科医生的读书方法基本原则 3

深读而不速读——"深读读书法"

读书要达到能够"讨论"的水平

参加交流会和恳谈会时，很多朋友会过来与我交换名片，并说道："最近拜读了桦泽老师的××新书。"当然，我是感到由衷的欣喜。

于是，我就会问道："书中的哪些方面写得还不错啊？""感觉哪一章比较有意思？"想征求一下他们的感想。但发现他们顿时哑口无言了，简直让人怀疑他们到底是否读过。但我相信他们都读过我的书，只是大部分人无法具体说出自己的感想。虽然话有些严厉，但连感想都谈不出的话，还能算作读过书吗？也只能算是浏览过那些文字吧！

我认为"读过"的定义是"能够说明其中的内容"，并且"能够就其中的内容进行讨论"。如果连自己的感想和意见都表达不出来的话，读书的意义也就没有了。

要达到"能够就其中的内容进行讨论"的水准，大家会觉得这一标准是不是有点高。其实，能够做到在喝酒的时候就一本书的内容评述10~20分钟，得到大家的赞同，这就算是达到了"能够就其中的内容进行讨论"的水准。

不能表达自己的感想和意见，换句话说就是无法将获得的内容进行"输出"。无法"输出"的话也就不会影响到自己的实际行动。

如果是这样的读书方法，即使读了100本图书，也很难有什么成长。

所以，既然决定要读书，读书前就要下决心做到读完之后"能够说明其中的内容"，并且"能够就其中的内容进行讨论"。

记不住内容的速读没有意义

我利用自己的碎片时间，每天能读完一本书，一个月能够读完三十本书，有人问我是不是采用了"速读读书法"。在此我诚实地告诉大家，我从来没有学过"速读读书法"，也从来没有过速读一本书的想法。读书多了之后，读书的速度自然就上去了。如果是普通的经管类书，1～2个小时就能读完，快的话30分钟就可以搞定。

相对于读书的"量"来说，我更加重视读书的"质"，所以也就不喜欢"速读"而喜欢"认真地读"。

读书的速度实际并没有什么意义，即使30分钟读完一本书，如果自己并不能说明其中的内容，也不能对内容进行讨论，也就没有了读书的意义。无法记住其中的内容，无法实现自我成长，读书也只是时间与金钱的浪费。

很多人读书只是因为自己"想读书"，为了一种"自我满足感"，特别是"速读"的人中有这种倾向的更多。

如果无法保证"记住书中的内容"和"能够就书中内容进行

讨论"这一读书"质"的最底线，读书多半都是没有意义的。

当然，如果读书的方法能够达到"记住书中的内容"和"就书中内容进行讨论"的效果，读一本书需要的时间是越短越好——一小时比两小时好，30分钟比一小时好。

我们一开始读书时更应该重视的是读书的"质"，而不是读书的"速度"。在"质"得到充分的提升之后，并在保持"质"不下降的前提下，然后才是追求"速度"的提升。

在保证"质"的前提下，多读书的话，读书的速度自然就会提升。

所以，不要拘泥于读书的速度，我觉得在读书时更应关注的是能否做到"说明其中的内容""就书中的内容进行讨论"，从一本书中能够得到多少启发等。

深读而不速读

相对于"速读"的词是"精读"，字典中对"精读"的解释是："反复仔细地阅读"。

但是，"读书之前需要考虑是速读还是精读"——就像这句话中的意思一样，"精读"多是用来表示读书速度的。一般人觉得花30分钟读完是速读，花5小时读完就是精读。

就算是花5个小时精读完了一本书，到底能否达到"就书中的内容进行讨论"的水平，也是因人而异的。

换句话说，用30分钟速读完一本经管书，也有人能够达到"就书中的内容进行讨论"的水平，有的人却达不到这一水平。

读一本书，能够理解其中的内容，学到了知识和心得，并达到了"能够进行讨论"的水平，我认为这种读书方法就是我所理解的"深读"。

既然要读书，就要用合适的方法去阅读，使其中的内容能变成自身的血和肉，从而促进自己的成长。那种浅尝辄止、对成长无益的阅读方法，我认为是没有任何意义的。

速读十本书，却没有一本书是深读；

仔细阅读一本书，并做到深读。

对于以上这两种情况，大家觉得哪一种会更促进自身的成长呢？

"深读"是读书必须做到的。做到"深读"之后，再逐步地提高读书的速度、读书的数量、做到"速读"与"多读"。

一些人做不到"深读"，就算是仔细阅读也无法达到就书中内容进行讨论的水平，就急于求成，上一些"速读培训班"，即使提升了阅读的速度，读书浅尝辄止，也不会有太多意义。想要做到"深读"，就需要积累一定的读书量，并且要进行"输出"。通过"输入"与"输出"的反复循环，从而达到"深读"的水平，这时候你的读书速度也已经提高到了一定的水平。

第 **3** 章

精神科医生"过目不忘"的读书法
两个关键词

强化记忆读书法的两个关键词是什么

牢记"输出"与"碎片时间"

本书中最重要的主题就是如何才能在读书中做到"强化记忆"及"过目不忘"。

"强化记忆读书法"与"过目不忘读书法"的关键词只有两个——"输出"与"碎片时间"。只要牢记这两个词，你也可以做到读书过目不忘。

在本章中，我将和大家详细讲解一下"输出读书法"与"碎片时间强化记忆读书法"。

输出读书法 1

深化记忆——荧光笔读书法

书本不用太干净——涂鸦读书法

有一天，妻子难得地说想读一下村上春树的《挪威的森林》，于是我就把书借给她了。

没想到几分钟后她就又送了过来。

"这上面都是什么啊？画得乱七八糟，搞得我都没心思读了！"

我读书的时候，喜欢用荧光笔在文字下面画线，来灵感时还会在旁边做些批注。不仅仅是经管书，就连小说也是这样。读小说时，我会将自己的灵感和获得的启发写在上面，我读小说的目的并不是小说本身，重要的是在读小说的时候自己的所感所想及对自己行动的影响。因此，我会将自己的启发及灵感全部写在上面。

我读村上春树的作品时获得的启发很多，所以上面的批注也到处都是。特别是《挪威的森林》，是我最喜欢的作品之一，所以上面到处都是批注，一般人读起来都困难。

读书的人可以分为两派，一派是"整洁读书派"——书要包上书皮、中间不能有折页；另一派是"涂鸦读书派"——里面写满批注、到处都是下划线、折书角、贴便签等。

大家都属于哪一派呢？

我是确定无疑的"涂鸦读书派"。

读书是应该保持书本整洁还是像我一样随性而为呢？哪一种方式更好？

在第一章中，我曾经和大家说过，只有使自身产生了变化、获得了成长，读书才算是有意义。拥有一本书也许会让你感到高兴，但这只是一种自我满足。读书之后给自己带来变化和成长才算是将书的价值发挥到了最大。

与正常的读书方法相比，一边读书一边"输出"更能提高记忆效果。记忆效果提高之后，就可以给自己带来变化和成长。因此，为了最大化地加深记忆和实现成长，读书是需要做些涂鸦工作的。

大家在记英语单词的时候，都是用的什么方法呢？

对于重要的单词，一般会用荧光笔画线突出显示，会在空白处标注单词的相关知识和用法，同时还会在纸上重复书写10～20遍，还会多次练习发音……

因此，我们在记英语单词的时候，不仅去阅读，还要去写，更要发声来读，调动自己的运动神经，使自己的整个大脑都动员起来，从而增强记忆。

如果我们在高中时代将自己的教科书和参考书都保持得像新买的一样干净，没有任何折页，没有任何笔记批注，能很好地记住其中的内容吗？我想应该不会吧！

因此，为了强化记忆，我们需要像应试考试时期一样，在书中画线、做笔记等，这样才能更有效果。

"输出读书法"中不可或缺的两个工具

读书时不可或缺的工具只有两个——荧光笔和圆珠笔。

我在读书的时候，对于自己喜欢或者觉得有所启发的部分，会用荧光笔标示出来。对于自己有所感想或感觉有疑问的部分，会用圆珠笔在空白的地方写下自己的批注。

我平时随身都会带一些便签，有需要的话就贴一个便签上去。

如果读过的书能达到高中生参考书的水平，到处都是画线和笔记，那就证明你读书过程中受到了很多启发。相反，如果一本书读完后只有几处画线的地方，证明这本书的内容没有多少价值。

如果在人满为患的高峰时段的地铁中，想要用荧光笔或者圆珠笔在书上做标记的话是很困难的，如果有想要画线的章节，可以先把书角折一下，等稍后条件允许了再画线或做笔记。

为什么"荧光笔读书法"能够强化记忆

我们前面讲过，"过目不忘读书法"最基本的就是"一周输出3次"。最初一次的输出就是一边读，一边用荧光笔画线。

读书就是输入，也就是说一边输入一边做第一次输出。

也许会有人感到疑问："用荧光笔画线这么简单的事情，也能算作输出吗？"大脑科学研究表明，画线确实可以起到活化大脑的作用。因为，在大脑内部，负责"识字"与"用手执笔画线"功能的是两个完全不同的分区，如果再加上"做笔记"，那还可以同时调动大脑另外一块分区的功能。

通过"用笔画线"和"做笔记"这两项事情，调动了大脑好几块分区，使大脑更加灵活，起到强化记忆的效果。

日本东北大学的川岛隆太教授在大脑训练方面非常有名，他认为朗读对活化大脑非常有效，可以起到预防老年痴呆的作用。人的大脑掌握着"读"、"思"、"写"和"说"等各种功能，但起主导作用的部位是完全不同的。人类读书、思考，并对此发表意见，虽然上述事情是在一瞬间完成的，却是大脑各个部分相互协作的结果。并且，随着这一协作越来越多，大脑也会变得越来越灵活。

所以，一边用荧光笔画线一边朗读的话，活化大脑的作用更好，更容易增强记忆。在地铁中不方便朗读，那就只有动动手了。

使用涂鸦读书法，一边画线一边记笔记，将书本画得乱七八糟。但是，这样能活化大脑的读、思考和运动皮层（画线）。并且，记笔记还能够活化大脑中与"书写"相关的分区。

边读书边用荧光笔画线、做笔记，可以使大脑的灵活性得到数倍的提高，对于书本中内容的记忆也会相应地加深。

找到真正重要的部分——3行读书法

一边画线一边读书会强化记忆。

那么，要在哪些地方画线？怎样去画线呢？

我会在自己得到"启发"的地方画线。

"启发"就是自己看到书中的内容后会恍然大悟，对于自己是一个新的发现，换句话说也就是自己学到了新的知识。

有些地方虽然也很重要，但是自己已经掌握的知识，对自己来说是"理所当然"的事情，对于这些地方就不用专门再去画线了。

用荧光笔画线的目的就是"实现自我成长"。

如果书中的某部分内容有助于"启发你实现自我成长"或者是"对实现自我成长可能有帮助"，那你就尽情地画线吧！

话虽如此，但一本书中也没有必要在十几个地方都画线。画线过多的话，就没法辨别哪儿才是真正的重点了，重要度被分散，反而无法把握。

我觉得一本书中真正重要的地方只有3处，每处一行文字，在这些地方画线即可。

一本书中，只要能在3处地方画线，我觉得1500日元的成本就算是回来了。

输出读书法 2

多角度劝人——电视购物读书法

最简单的是"说"和"荐"

我认为，最简单的输出方式就是"说"。

"我读了一本很有趣的书""昨天读的那本书很有趣"等等——日常生活的谈话中，我们经常会向人推荐自己读过的书。

聊一聊自己读过的书，如果是有意识而为之的话，可以让你回忆书中的内容，有助于通过"输出"来提升复习效果。

这些话题可以作为和同事及朋友之间闲谈的话题。或者，如果是一本经管书的话，你还可以将之推荐给部下。如果你经常有机会在大家面前发言，可以在你的早会发言、演讲等场合向大家介绍你读过的书。

在介绍的过程中，"很有趣""很有用"这些字眼是没有意义的，你要给大家讲出来哪些地方有趣、哪些地方有用，将书中的内容言简意赅地传达给对方。

如果你将自己获得"启发"的部分、画线的部分介绍给别人，与别人分享你所获得的启发，别人即使不读这本书也可以获得相应的知识。

向别人推荐书的时候，需要你事先在脑海中回忆其中的内容，并对内容进行整理，所以输出效果非常好。

说起向别人推荐东西，我就会想起《JAPANETTAKATA》这个电视购物节目。看这个节目可以让你学到不少销售说话术，但我觉得最重要的是从多角度对商品进行推销。

例如，在推销扫地机器人的时候，该节目会从"吸力强劲"、"角落也可以打扫"、"电池续航时间长"、"耗费电费成本低"、"人工智能"等五个方面进行推销，非常具有说服力，让人忍不住想买。

如果要向别人推荐一本书，也需要有意识地像《JAPANETTAKATA》一样从多个角度进行推荐。

实在惭愧，我在这儿再次拿自己的《不要再浪费时间了！99种简单方法让你每天90分钟处理完邮件和社交网络》举个例子。向别人推荐这本书的时候，你可以从"这本书中有很多方法能帮你缩短时间、提高工作效率"、"书中介绍了很多有用的网站，一般人绝对不知道"、"能够解救沉迷于手机的人"、"适合网络初学者"、"99种方法相互独立，从哪儿读都可以，适合工作繁忙的人看"等等，从多个角度进行分析。

为了能达到从多个角度向人介绍，你需要从多个观点去阅读这本书，能够培养你深入阅读的能力。

读书之后就向人推荐，不仅向一个人推荐，要向多个人推荐，并且推荐两到三次。这样的话，你就可以实现"一周输出三次"的目标。

此外，向别人推荐一本好书也会让别人高兴，独乐乐不如众乐乐，这会使你有一种成就感，从而更能加深对书中内容的记忆，起到一石二鸟的效果。

输出读书法 3

与别人分享读书启发——社交读书法

读书后与别人分享你的感想

我在读完一本书之后，一般会在当天或第二天将感想发布在自己的Facebook上。感想有长有短，有时会超过10行，有时也只有两三行。

虽然只是举手就能完成的事情，与不分享自己的感想相比，对书中内容的记忆却提高了数倍。因为在写这几行感想的过程中，你需要在大脑中将书中的内容梳理一遍。

也就是说，你在此时就做了一次"记忆复习"。"三次输出"中，在这一阶段你就已经完成了"一次输出"。

在社交网站上写出你的感想就是在与别人分享。感想写在只有自己能读的日记或笔记本中，与写在大家都能看到的地方相比，两者是完全不一样的。

在大家都能看到的社交网站，写东西就不能随随便便了，会让人有一种紧张感，所以你就会拼命地去回忆书中的内容，然后认真地写出自己的感想。

此外，你在社交网站上分享感想之后，肯定会有人对此加以评论——"貌似很有趣啊！""谢谢分享了这么好的一本书。""我也赶紧买来看看！"……自己的感想及推荐影响到了别人的行为，甚至还有人对此表示感谢，这是一件令人高兴的事情。

人总是回避痛苦的事情，希望一直做愉快的事情，而在社交网站上分享自己的读书感想就是一件令人感到愉快的事情，所以就希望一直做下去——"下次读书后再来写一下感想！"

读书的兴趣提高之后，就会在享受的过程中悄然提升自己的阅读能力，并在不知不觉中读了很多的书。

在社交网站上发布名言警句，再加上自己的评论

对于读书较少的人来说，很多人都会觉得"读书后写感想很麻烦，自己做不到"。

一开始写感想的时候，其实几行字就可以了，但是还会有很多人觉得麻烦。当然，觉得麻烦和痛苦的事情是坚持不了很长时间的。

这种情况下，读者可以从读过的书中摘出打动自己的1~2句话，发布在社交网站上，同时再写一句自己的评论，纯粹是介绍性质的。

这就是我们常说的"名言警句"，挑选自己喜欢的即可。

这样的话，即使对自己写作能力没有自信的人也可以发表几句感想。

这种名言警句非常适合发布在Facebook上面，说不定还能得到很多朋友的点赞。有时，与花15分钟写的一篇读书感想相比，花3分钟写的一个名言警句反而会收到更多的点赞。

你在Facebook发布的名言警句会出现在朋友的信息流（News Feed）和自己的个人主页中，可以起到第二次、第三次复习的作用，从而提高记忆效果。

"社交读书法"就是读完书之后利用社交网站发布自己的感想及其中的名言警句，使社交网站与读书相结合。

提高水平后尝试新的挑战——"写书评读书法"

给自己强烈推荐的书写一个书评

随着在社交网站上发布的感想及名言越来越多，估计大家逐渐就没了最初的新鲜感，你可能希望更进一步地挑战自己。

那么，就让我们更深入地挖掘书中的内容，做一个深入的介绍。这时候，你就不能只写感想了，而是需要写一个"书评"。

如果你能够达到写书评的水准，就证明你的"输出读书法"已经达到极高的水平。

我不是书评家，自己读过的书也不会都写书评。但是，对于自己喜欢的书，特别是希望推荐给别人的书，我肯定会认真写一篇书评。

榨干书中的知识——西柚鸡尾酒读书法

提高汲取能力，提高读书效率

话题稍微转换一下——我在居酒屋喝酒时，经常会点西柚鸡尾酒。我会拿起切开的西柚用手捏一下，将果汁挤到鸡尾酒中。

即使西柚被挤过一次，如果再次用力捏的话，还会出来很多果汁。当然，从一个西柚中挤出的果汁越多就越划算。

其实，知识的输入与挤西柚汁是很相似的。如果你以前从一本书中获得的知识是100单位的话，提升知识汲取能力之后，你就可以从同样的一本书中汲取到200单位的知识和启发。

也就是说，通过提高知识的汲取能力，即使是同一本书及同样的阅读时间，你可以获得2倍的知识输入。

很多人都希望学会速读、读很多书，也就是说从"量"上提升，但很少听到人说要提高读书的"质"。

我再次强调一遍，读书重要的不是"量"，而是"质"。不论你读书的速度有多快，这都没有意义，最重要的是你能够从一本书中汲取到多少知识。

想要将现在读书的速度提高2倍的话并不是那么简单，特别是对于已经达到一定阅读速度的人。

但是，现在基本上没有人意识到：通过训练来提高读书中的知识汲取能力，其实是可以轻松地提高一倍的。

那么，如果想要提升对知识的汲取能力，我们需要怎么做呢？这就需要我们"输入"知识时要以"输出"为前提。也就是说，大家要下定决心，读完书之后，一定要"输出"。

例如，读完书之后一定要写一段感想或一篇书评，并发布在社交网站上。为了写出东西，大家在读书过程中肯定要获得某些启示，发现对自己以及别人有用的知识点。

如果大家心头有稍许的压力，想着自己一定要进行"输出"，在读书的过程中就会发现很多自己之前发现不了的知识。每当自己遇到这些启发之后，就赶紧记下来，这也是很重要的，要不然有些灵感就会稍纵即逝。

读完书之后，就要在自己的社交网站上写一个读书感想。如果你现在已经在做这项工作，那么就提高一倍，从一个感想变为两个感想。

也就是说，大家要从一本书中获得更多的知识，足够写两个感想。为此，以前的一点启发就不够了，现在起码要获得两点启发。

健身爱好者都是通过增加负荷来训练自己的肌肉，如果我们增加自己"输出"的负荷，相信对于知识的汲取能力会有飞跃性的提升。

次日之后写书评

每次读完书之后，我都会在当天或次日在Facebook上写一些简单的感想。然后，大约在一周之内，我会在自己的邮件杂志或Facebook中写详细的书评。

读完一本书之后，不仅要写出自己的感想，还要写一篇书评，这是非常重要的。因为通过写书评可以让我们更好地记忆书中的内容。在与别人分享的过程中，我们还可以对自己获得的启发做一遍整理，让这些启发更好地转变为自身的知识。

但是，我这儿有一点要提醒大家——读书感想可以当天写，但正式的书评不可以在当天写。

为什么书评不能当天写，而必须在次日之后呢？

　　我经常看电影，对于看过的电影，我也尽量写一下点评之类。但是，我不会在看完电影的当天写的。因为看完电影后心情不能平静，如果当天写的话，估计满篇都是"很有趣！""超感动！""要哭了！"等感情词汇，写出来后就像是小学生的观后感一般，缺乏客观性和冷静的分析。

　　社会化媒体或许需要你在心情高涨的时刻分享你炙热的心情，与别人共享"现在"的一刻。

　　但是，在你刚刚读完一本书或看完一部电影之后想要与别人分享你的感想时，你会发现自己被情绪所鼓动，写出的文章缺乏客观性，对别人也起不到任何作用。

　　但是不可思议的是，如果你休息了一晚上再写的话，文章就会变得客观冷静，具有条理性。"书评"既是对自己受到启发的总结，同时也希望别人能够看到的，所以需要有一定的客观性及条理性。

　　如果你想写一篇观后感水平的文章，表达你当时的心情，完全可以当天写出来，但如果你想写一篇具有客观性的高水平书评，我还是建议大家能够搁置1～2日，理顺自己的感情后再写。

　　另外，根据"记忆法则"来说，与当天写作相比，隔几天后的写作更能够起到"复习"的效果，从而增强对内容的记忆。

为什么碎片时间读书的记忆效果更好

"输出"＋"碎片时间"使读书更有效果

　　"过目不忘的读书法"中最重要的就是前面所说的"输出"，

但如果能够利用"碎片时间"读书的话，在提高记忆方面会有更重大的意义。

与较长连续的读书时间相比，碎片时间的读书会更加有利于记忆。

下面我和大家说一说具体的依据。

碎片时间记忆强化读书法 1

时间限制会提高记忆能力——奥特曼读书法

时间限制会提升注意力

奥特曼只能在地球上战斗3分钟，当他的能量不足时，胸口的彩色计时器就会闪烁，发出警告音。但是，也正是这3分钟的时间限制，才使得奥特曼有如此强的战斗力。

这是因为，如果我们在做事情之前已经有了时间限制，注意力就会提高，大脑的运转也更加迅速。

例如，我们在地铁中给自己设定一个有时间限制的目标——离换乘还有15分钟，努力读完一章的内容！与漫无目的的阅读相比，这时就会集中更高的注意力。

此外，如果我们从事一个难度适中的课题，努力之后勉强可以达成目标，这时大脑就会分泌更多的多巴胺，不仅能够提高注意力，还能够提高记忆能力。

我们坐上地铁后，到了时间是要下地铁的。因此，在地铁内的读书就相当于一个有时间限制的"奥特曼读书法"，也就能够让我们在高注意力和高记忆力的状态下高效地读书。

碎片时间记忆强化读书法 2

高效利用"干劲"——5分钟—5分钟读书法

60分钟的连续读书与4个15分钟的断续读书,哪个效果更好

拿出60分钟完整的时间读书,与4次15分钟的读书,大家觉得哪种读书会更有效果呢?

我们都知道,人在做一些事情的时候,总是在开始和结束的时候精力比较集中。在心理学中,这种行为被称为"初始效应"和"末尾效应"。简单说来,就是在事情的开头有一种"豪情壮志",以及在看到目标后的"最后一搏"。

曾经有这样一个心理实验:实验者让受测者连续看几张写有单词的卡片,让他们进行记忆。过段时间后,再让他们回忆还能记起多少单词。结果发现,最初和最后展示卡片单词的回答正确率比较高,中间卡片单词的回答正确率比较低。由此证明,不仅是在最初阶段和最后阶段的精力比较集中,就连记忆力也是很高的。

如果花费15分钟去读书的话,"初始效应"和"末尾效应"各占5分钟,合计就有10分钟的读书时间记忆效果比较好。这样重复4次的话,60分钟时间内就有40分钟的读书时间处于精力集中的状态。

相反,如果我们拿出60分钟连续的时间去读书的话,"初始效应"和"末尾效应"各占5分钟,合计仅仅有10分钟的记忆效果比

较好。

当然，如果中间没有什么事情打扰，在一个安静的环境中连续读书60分钟，也可以维持一个较高的注意力水平。可是，如果我们将60分钟划分为四个15分钟的碎片时间去读书，则会取得更好的效果。

碎片时间记忆强化读书法 3

最大限度发挥15分钟的效用——15-45-90法则读书法

人类能够集中精力的时间单位

人类能够集中精力的时间是有限度的，即使是经过训练的运动员和职业棋手，也不可能做到连续几个小时都集中精力。

相反，在一些时间单位中，任何人都能够很轻易地做到精力集中。

这就是15分钟、45分钟和90分钟，我将之统称为"15-45-90法则"。

人可以在15分钟内维持较高的精神注意力。

维持普通精神注意力的时间界限是45分钟。

如果在45分钟之间稍加休息，精神注意力可以延长到90分钟。

因此，小学的课程都是一节课45分钟，一集电视剧也大约为45分钟。

大学的课堂是90分钟。2个小时的电视剧，如果去掉广告，大致也是90分钟。

　　足球比赛是以45分钟为一个半场，整个比赛为90分钟。如果在90分钟之外还有伤停补时的话，一般这个时间内球员的失误比较多，进球的概率也高，因为这一时间超过了人类90分钟的精神注意力限度。

　　人类的身体有一个超日节律，就是每隔90分钟就会有一个睡眠和觉醒状态的交替。人的睡眠周期为90分钟，这也是因为同样的理由。除此之外，关于45分钟和90分钟还有很多有趣的事情，但我在这儿就向大家强调一点，那就是"碎片时间读书法"中重要的时间单位是15分钟。

灵活运用"15分钟"，最大限度发挥精神注意力

　　人能够维持极高注意力的最小时间单位是15分钟，也就是说人类连续保持高度注意力的时间不能超过这一限度。

　　例如，同声传译工作需要非常高的精神注意力，在这一行业中也有"15分钟极限"的说法。

　　我们平时在看大型会议的电视直播时，有时会有同声传译，如果仔细看的话会发现直播过程中翻译人员发生了替换，不禁让人产生疑问。其实这是因为同声传译的工作对精神注意力的强度要求较高，中途必须更换译者才能完成。

　　结论就是——从大脑科学来看，15分钟是人能够高度集中精力的时间单位。

　　例如，如果利用5分钟的碎片时间可以读10页书，有3段5分钟的时间碎片的话，就可以读30页书。但是，如果是连续的15分钟，

能读完的就不是30页了，而是40页。

让我们来仔细梳理一下自己的一天中有几段超过15分钟的时间碎片？基本上是8个时间段。如何利用这些碎片时间——看手机？读书？不同的选择将对你的人生产生不同的影响。

如果你实在想看一下手机，可以利用5分钟以下的超碎片时间。例如，等地铁的时间等。这个时间段读书的话，刚进入状态地铁就来了，下次还得重新调整读书状态。这样的超碎片时间就不适合用来读书。

也就是说，大家可以利用等地铁的时间看看手机，而在乘坐地铁的较长时间内，可以利用多个15分钟的时间段来读书。

这才是充分意识到了精神注意力的作用，利用大脑科学灵活运用时间的方法。

碎片时间记忆强化读书法 4

利用睡眠的力量烙在大脑中——熟睡读书法

睡觉前读书的记忆效果更好？！

如果是碎片时间之外读书的话，我建议大家利用睡觉前的这段时间。因为，睡觉前读书可以使记忆效果最大化，且更加容易进入睡眠状态。

据说，睡觉前学习的话，对知识的记忆效果更好。在睡觉的过程中大脑不会再输入新的信息，也就不会引起记忆的冲突，可以使大脑进行自我整理。

我也读过一些面向考生的文章，对于比较难以记忆的知识，文章中总是建议考生在睡觉前记忆。与白天相比，据说晚间的记忆效果会更佳。

前面我们也介绍过，英国萨塞克斯大学的研究证明读书6分钟后受测者的心跳就会平缓、肌肉得到放松，与欣赏音乐及其他的放松方式相比，读书的效果会更加明显。

睡眠前的读书可以放松身心，使我们更加容易入睡。

但是，通过电子阅读器和平板电脑等发光界面读书的话，反而会造成无法入眠。据报道，这种新的读书方式会延迟入睡时间，降低睡眠质量。

另外，一些令人兴奋得心跳加快的娱乐小说和脊背发冷的恐怖小说也不适合在睡觉前阅读，这些过度的喜怒哀乐心理刺激也会妨碍睡眠。

此外，据说睡觉前深入思考某件事情的话，早晨起来就会想到解决办法。

睡眠的过程也是大脑自我整理的过程，大脑中原本杂乱的信息会被整理得井井有条，早晨一睁眼说不定会灵光一闪，想出问题的解决方法。

睡觉前如果一直坚信"早晨醒来就会想到解决方法"，醒来后更有可能闪现灵光，这也被称为"追忆法"，据说日本诺贝尔物理学奖获得者汤川秀树博士和大发明家爱迪生都经常使用这一方法。

写作中无法决定目录和内容构成时，我也会在睡觉前翻翻自己的"灵感笔记"和相关书籍，将知识输入到大脑中再入睡。

不可思议的是，第二天早晨一睁眼睛，大脑中顿时如神明指示一般浮现出了一个理想的书本结构。然后，我就会赶紧记下来，以免自己忘记。我好多本书的写作都是依靠"追忆法"，就包括各位现在看到的这本书。

除了读书之外，如果有其他未能解决的问题，各位也可以在睡觉前将相关信息输入大脑，浏览一下相关的书籍和资料，说不定早晨起来就会有意外的收获。

在碎片时间之外读书或"输入"相关知识，睡觉前的时间是一个不错的选择，希望大家能够记在心中。

第 **4** 章

精神科医生"过目不忘"读书法
之超级实践篇

实际中怎么阅读

强化记忆读书法之"HOW TO"

在前面的章节中，向大家讲了"过目不忘读书法"的三个原则及两个关键词。

从这一章开始，终于要向大家介绍怎么做才能提高记忆、有助于自己的读书。

在接下来的过程中，想必大家肯定会逐渐地情绪高涨，想尽早在读书实践中应用一下的。

精神科医生读书法之超级实践篇 1

确定目的地——浏览读书法

首先把握整体，确定目的和读书方法

拿到一本新书之后，首先要做的是什么呢？

对于读书较慢的人来说，恐怕就开始从"前言""序"等地方开始逐行逐字开始读了。

而读书较快的人拿到书之后，一般会整体浏览一遍，对整体有一个把握之后再开始阅读。

为什么要先浏览一遍？这里有三个目的：

① 把握整体；

② 确定读书的目的；

③ 决定是"速读"还是"精读"。

也就是说，在开始读书之前，已经决定了目的地（目标）和到达目的地的方法（阅读方法）。

假如你要从新宿到横滨的中华街，你会怎么规划行程呢？

大部分人都会在网上搜索换乘方式，找到用时最短的方式再出发。另外也有很少一部分人，会在达到检票口前确定出行方式。

想必基本上不会有人在过了日本铁路（JR）的检票口之后再不慌不忙地搜索换乘方式，然后突然发现"地铁要比JR方便很多"，并后悔不已。

大家在出发去某个地方的时候，总是先确定出行方式再行动，但是为什么读书时不能这样呢？偏偏要等到过了检票口，或者上了地铁才规划和变更自己的出行路线？

如果知道自己的目的地的话，完全可以事先确定自己的出行方式和最短路线，这样才能更早地到达目的地。

读书也是这样。

首先，在认真读书之前，先浏览一下目录，大致翻一遍，就可以对书的整体做一个把握。

接下来，就是决定读书的目的。你希望从这本书中学到什么东西？了解什么知识？

第三步就是确定选用"速读"还是"精读"的读书方法。

通过分析书中知识的含量、密度、引用文献的多少、是否翻译作品等等，就能大致确定是需要"速读"还是逐行逐字地"精读"。

然后再设定一个几天读完的目标。

是用今天一天时间读完，还是两天、三天。

像这样翻开书之后，大致浏览一遍，确定自己的"目的地"和"出行方式"的读书方法，就是我说的"浏览读书法"。

浏览读书法可以提高读书的速度和学习效果，可以说是一石二鸟。

精神科医生读书法之超级实践篇 2

先读感兴趣的部分——跳读法

读书没有必要从头逐行逐字地读

读书要从头开始、逐行逐字地读。读书慢的人一般都有这种先入为主的观念。

但是，这样的规矩是谁定下来的呢？

读书就是为了从书中获得知识和启发，所以只要读书的方法适合从中获得知识和启发就可以了。

实用类书就没有必要从头开始、逐行逐字地读。因为实用类书主要是向大家传授一些实用的方法和技能，这些才是最重要的部分。但是，除了在这些重要部分内容之外，还会写一些"根据""证明""实例"等，往往会占据很大的篇幅。

这里，我就教给大家一个最快到达"实用方法"部分的秘诀。

首先，认真思考一下"你想从这本书中获得什么知识"。

然后，首先阅读最想了解部分的内容——打开书，浏览目录，看看你最想了解的部分在哪一章节，然后直接翻到写有结论内容的部分。

读完这部分内容之后，如果你还想继续深入了解，对某一部分比较感兴趣或者有疑问，就可以再次回到目录查找，然后直接翻到相对应的章节。

经过这样的几次跳读，你就基本上可以对书中的内容有一个提纲挈领的把握。

做完以上工作估计也就需要5分钟时间。前面我和大家说过，读书最开始的5分钟记忆力最强，根据"5分钟—5分钟读书法"，书中最重要部分的内容就会深刻地印入大脑中了。

先满足自己跃跃欲试的好奇心，可以促进大脑的多巴胺分泌，提高记忆力。

掌握了大致的内容脉络之后，就可以回到书的首页，然后开始阅读全书。这次阅读主要是看看自己有没有漏掉重要的内容。

因为你已经掌握了大致的内容脉络，也就了解了全书内容的主旨概要，与一开始就逐行逐字阅读相比，阅读的速度会大大提高。

我们要去某个地方时，如果在出发前通过地图把握大致方位，就能够避免中途迷路，并能尽早到达目的地。

读书也是一样，一开始能够把握"目的地"的话，就能够将自己的速度提高数倍，很快就能找到自己的目标页码。

按照一般人的阅读方法从头开始阅读，假设读完一本书需要2个小时，读到自己感兴趣的部分基本上需要一个多小时。

对于每天读书时间比较少或者阅读速度慢的人来说，基本上要到第二天才能读到自己感兴趣的部分。这时，读书的兴致以及对书中内容的探知心已经下降，完全达不到预期的读书效果。

当然，也有一些大部头的书，如果不从头看起的话很难理解情节的发展或内容的递进关系。在翻阅目录的时候，如果找到能激发自己求知欲及好奇心的章节，也可以先跳读一下，先睹为快。

另外，在买书的时候，如果你已经确定了自己要在这本书中学习什么知识，也可以直接翻到"目的地"部分看看是否和自己的期望相符。

精神科医生读书法之超级实践篇 3

选择稍有难度的内容——挑战读书法

选择具有挑战性难度的内容，使学习效果最大化

读书的时候，"花时间仔细认真地阅读"和"快速阅读"相比，哪种阅读方法的记忆效果会更好、更能学到更多的知识呢？对于不常读书的人来说，估计大部分都认为"花时间仔细认真地阅读"的效果会更好，其实这是一种错误的认识。

人类的大脑在应对稍微超过自己能力的难题时，才能发挥出最大的能力。因为在解决这类问题的时候，大脑会分泌出多巴胺，

提高精神注意力，并能够强化记忆。也就是说，能够使记忆效果更好，达到最大的学习效果。

而对于过于简单或过于困难的问题，大脑都不会分泌多巴胺。

例如，我们在玩电视游戏的时候，如果基本不需要反复尝试就可以轻松过关的话，我们就会觉得这个游戏没有意思。而如果游戏过难，无论怎么尝试都不能进入下一环节，我们也会很快就放弃了吧。

经过两三次的失败，吸取其中的教训和要领，然后再成功进入下一环节，对于这样稍有挑战性的游戏难度，才是大家最感兴趣的。这是因为在面对这一稍有挑战性难度的时候，大脑才会分泌多巴胺。

读书可以在两个方面设定难度，一个是"书本身的内容"，另一个是"读书的速度"。内容难度在买书的时候就确定了，而读书的速度可以自己进行调节。

关于第一个书中内容的难度，可以根据自己的知识水平，选择比自己实力稍微难一些的书，这样才能够使学习的效果最大化。如果书中的内容过于困难或过于简单，都会影响学习的效果。

即使大家都有这样的认识，但有时候我们会被书名或封面设计吸引，选择了一些内容稍微简单一些的书。这时，我们就可以从"读书的速度"方面进行调节，使难度得到一定的提升。

如果正常读一本书需要2小时，你就可以试着将时间缩短到1小时45分钟。

拿我来说，我经常在地铁中读书，经常给自己定的目标就是——"到站前读完一章"。这样，与漫无目的地阅读相比，就会让自己稍微有点压力，但由此带来的紧张感也恰到好处。

前面我们也说过，"设定目标"可以促进多巴胺的分泌。"到站前读完一章"这一目标就可以促进多巴胺的分泌，再加上自己设定的"合理难度"，就能够进一步增加多巴胺的分泌量。

读小说最重要的是跟随情节内容的发展，阅读速度以自己觉得合适为最好，而经管类图书及实用类图书，就要给自己一定的时间压力，调整到一个对自己有挑战性的难度，才能够实现记忆及学习效果的最大化。

幸福感能够提高记忆力——兴奋读书法

兴奋状态下的读书可以记忆30年以上

几天前和三个朋友一起喝酒，中间谈起了《北斗神拳》（武论尊著），气氛一下就热烈起来了。大家提起自己喜欢的角色和场景，连细节部分都能娓娓道来，简直无法想象这是一群50岁左右大爷们的谈话。

《北斗神拳》流行的时候我正在上大学，这已经是30年前的事情了。

不仅是《北斗神拳》，一谈起曾经读过的漫画，大部分人都能够回忆起其中的细节场景。

对于经管类图书，一年前读过的内容就已经记忆模糊了，而

30年前读过的漫画竟然还能回忆起细节部分，并且当时的漫画可都是几十卷啊！这其中的差别到底在哪儿呢？

这其中的差别就是读书时的兴奋与心跳！

当时的《北斗神拳》在《周刊少年JUMP》上面连载，每到《周刊少年JUMP》的发售日，车站的小卖店和书店前面都会聚集很多人。每个人都在期待着下一期的出版，扳着手指头计算下一次的发售日是哪天。

等待下一期出版的过程中每天都是兴奋的，阅读的过程中也会因为有趣的内容而兴奋不已。由于这种兴奋的心情，大脑会分泌出幸福物质——多巴胺。

大脑分泌的多巴胺会使人产生满足感、充实感和幸福感。为了能够再次体验这种幸福的感觉，大脑会渴望同样的事情再次出现。具体到漫画的话，就是渴望"赶紧出版下一期"。

多巴胺是大脑中比较重要的物质，不仅能够提高我们的兴趣，还能够提高我们的记忆效果。

大脑能在幸福的瞬间多一些记忆，我们的人生也就会过得更加幸福。多巴胺作为幸福物质能够强化我们的记忆，就相当于在我们的大脑中编入了一个幸福生活的程序。

利用多巴胺的记忆强化作用，也就是在分泌多巴胺的兴奋状态下读书，即使经过30年，当年的记忆也不会随时间而淡化。

在兴奋的时候读完令你兴奋的书——趁热打铁读书法

觉得有兴趣就一气读完

我们去书店时，如果发现一本有兴趣的书，就会付款买下。

当我们发现这本书有趣的时候，就会对其中的内容产生兴趣，激起自己的好奇心，有一种迫不及待阅读的兴奋感。

在这种兴趣、好奇心和兴奋感的状态下，大脑就会分泌多巴胺。

但是，如果我们当时实在太忙，没有时间阅读，等到一周后抽时间再读的话，基本上就没有当时那种兴奋的感觉了，最终也许再也没有兴趣去打开那本书了。不知道各位是否有过这种经历？

因为一周之后，我们在买书时的那种好奇心与兴奋感已经丧失殆尽，大脑也不再分泌多巴胺，也就浪费了一次读书的大好机会。

因此，如果我们因为自己感兴趣而买下一本书的话，就要在买书之后马上开始阅读。最好是当天就开始，实在不行也要保证第二天开始阅读，确保自己的兴奋感还没有完全丧失。

在兴奋感的状态下读书，由于大脑分泌的多巴胺，书中的内容会在脑海中留下强烈的记忆。

"先买下，等有空了再读"——有些人总是怀有这样的想法，但这种阅读方法基本上不会留下什么印象。

向作者当面请教——百闻不如一见读书法

与作者见面，会更加喜欢作者

读了很多书之后，肯定会遇到自己喜欢或者感兴趣的作者。有这样的作者的话，大家不会想去和他们见见面吗？

比如参加一下这位作者举办的研讨会或演讲。新书发行时，很多作者也会举办新书发布暨签售会之类的活动。除小说作者之外，经管类图书的作家还会举办一些演讲活动。

有些知名作家的演讲会收较高的门票，但有些会和书店合作办签售会，只要买书就可以免费入场。有关这类读者见面会信息，大家可以到作者的网站去查看，很轻松地就能获得。

那么，为什么我们要去见作者呢？直接与作者见面的话，可以使你更加直接地了解作者，作者书中所写的内容也能够像海绵吸水一般自然地渗透到你的思想中。

沟通分为言语沟通与非言语沟通，表情、视线、眼神、姿势、气氛、动作等都属于非言语沟通。

即使不与某个人进行交流，只要站在他的面前，你就可以获得很多非言语沟通的信息，这就是非言语沟通的能力。一些无法用语言表达、超越语言的认同、心灵与心灵的沟通……通过与其人的直接接触，才可以获得这些非言语的沟通。

如果能从图书文字中间理解出文字之外的非言语性信息，则对书中内容的理解可以加深数倍。

不仅仅是加深理解，记忆效果也会提高数倍。实际上，我也经常参加同行作者的出版纪念活动，在演讲中听到的话即使5年之后也不会忘记。有句谚语叫"百闻不如一见"，读书百遍也不如与作者见面一次，这样才能获得更加直接、客观的信息。

这其中最重要的是听作者的演讲，通过与作者的见面来了解作者的为人。

了解了作者的为人，就会明白作者为什么写这本书，以及写这本书的时候是怀着什么样的感想，从而能够更加直观地理解这本书文字背后的故事。

与作者见面之后，对于书中内容的理解与之前相比会达到一个绝对性的高度，完全可以内化为自己的知识，就好像是听作者本人给你讲解这本书的内容。

并且，你也会因此更加喜欢这位作者。

与作者见面之后，更加喜欢作者，这会使你在其后每次读到该作者的书都会留下很深的记忆，因为"喜欢""愉快"这些感觉也会刺激你的大脑，强化记忆效果。

想必各位也都有非常喜欢的作者，关于他的所有作品也差不多都能达到讨论的水平了吧！让自己"喜欢的作者"变为"非常喜欢的作者"，之后读到他的新书时就会更加兴奋与幸福，大脑也会分泌更多的多巴胺，使记忆效果更加明显。

让作者成为自己的导师

与自己喜欢的作者见面，这就是"百闻不如一见读书法"。当听到这样的说法，肯定就会有人疑惑了："这也是读书的方法？"如果将"读书"限定为"阅读图书"的话，学习的范围也就太狭窄了。

"读书"是输入的入口，也是我们向作者学习的入口。

发现一本感兴趣的书之后，再进而阅读该作者其他的作品，了解作者的经历及为人，学习他的思考方法，参加他的演讲及研讨会等等。这种直接的学习，我认为才是最好、最全面的学习。

以读书为契机，进一步与作者见面，进行全面、真实的学习，这才是一种连续的学习。因此，与作者见面也是读书的一种乐趣，是一种读书的方法。

多读自己喜欢的书，参加作者的演讲，与他们见面。在此之中，你就会逐渐对喜欢的作者产生敬意，找到自己的目标——"自己也想成为这样的人"。这样，你喜欢的作者就有可能变成你的"导师"。

怀着对"导师"的仰慕与敬意，经过几次见面接触，"导师"的语言与行为就会无形中传导给你，你也就离你的"导师"更近一步。

在心理学中，这就是"模仿理论"。我们对于自己想成为的人会怀有一种敬意，然后就会在无意识中不断地去模仿。

通过对自己尊敬的人的思维方式、行动以及其他各方面的模仿，我们不知不觉中就会成为他们的模样，这就是模仿理论。婴儿会模仿父母的言行举止，也是同样的道理。

读你所尊敬的人的书也会产生模仿，但与作者实际见面之后，这种模仿的效果会得到数十倍的提高。

见到了我的导师——栗本薰！

第一章中也和大家讲过了，是栗本薰的《豹头王传说》系列使我变成了一个爱读书的人。从那时起，我就一直在心里把栗本薰当作我的导师，心里一直盼望着自己哪一天也能够写出那样的文章，也能够像栗本薰一样一年出版好几本书！

《豹头王传说》的每一期后面都有后记，写了栗本薰自己的近况及一些真诚的感想，这是我非常喜欢的内容。有时还有一些自己执笔及创作过程中的小秘密、自己的工作方式及生活状态等等，这些都深深地印入了我的脑海。如果没有栗本薰当初对我的影响，估计我现在也不会出版自己的作品。

我一直希望能和栗本薰见一次面，但由于我之前生活在北海道，基本上没有机会。从2004年起的3年时间，我一直在美国芝加哥留学，然后就决定自己要当一名作家。2007年我回国后，就开始在东京生活，因为那儿的出版机会比较多。

我从美国回到日本的几个月后，横滨举办了世界SF大会，然后我就听说大会上有栗本薰的讨论会。我觉得这是一个绝好的机会，就决定借此与栗本薰见个面。

栗本薰很少以《豹头王传说》作者的身份出现在公众场合，这次讨论会也是迄今为止规模最大的。

我就坐在了最前排，聆听了她的发言。

虽然是与栗本薰的初次相见，但和我印象中的形象完全一致。这就是在每期"后记"中出现的栗本薰，她现在就在我的面前，以"后记"中的语调亲切地做着演讲。

栗本薰在演讲中讲了她的《豹头王传奇》创作的秘密，使我度过了梦幻般的两小时时间。讨论会结束后，我和她拍了合影，并获得了签名，还简单地做了交流。

当时正是我正式决定成为作家的时期，能见到自己神往的作家，并进行语言的交流，更使我坚定了自己的信念——成为像栗本薰一样的作家！

然而，数月之后栗本薰就发现患上了胰腺癌，开始了与病魔的斗争。她也在《豹头王传说》的后记中披露了这一消息。当时我感觉受到了巨大的冲击，难道我今后再也读不到《豹头王传说》了吗？

两年之后，栗本薰去向了另一个世界，横滨世界SF大会成了她的最后一次公开活动。

如果你有机会去见神往的导师，一定要排除万难！越是大人物，能够见面的机会越少。我与栗本薰的相见，可以说是终生难得的一次机遇。

不要错过"相遇"的"绝好机会"！

第 **5** 章

精神科医生的选书方法

掌握选书的方法，挑选适合自己的书

经管书是贵还是便宜

　　有人说经管类书一本1500日元（编者注：约等于人民币80元）太贵了，大家是怎么认为的？

　　当然，这也要看具体情况。如果一个人总是说经管书一本1500日元太贵了，那么很有可能是他选书的方法不对。

　　讨论一本书1500日元贵不贵就相当于讨论一顿饭1500日元贵不贵一样，这是没有意义的。1500日元一顿饭的话，如果是白领平时的工作餐，那就有点贵，但如果是既美味又种类丰富，并且吃完之后获得了极大的满足感，这样的一顿饭花1500日元还是很便宜的。

　　如果你能够从1500日元的商品上获得了超过1500日元的价值，那你就觉得商品便宜，反之获得的价值没有达到1500日元，你就会觉得商品贵了。

　　说经管类书一本1500日元太贵了的人，是因为他从那本书中没有获得1500日元的价值。如果你从一本书中获得了很多启发，这些启发的价值绝对要超过1500日元。之所以觉得贵，是因为你没有从这本书中得到什么启发。

有两个原因可能导致这个问题出现：一是对书的理解能力较低，另一个是选择的书不合适。

但是，即使是理解能力低或者是平时不读书的人，有时也会遇到令其拍案叫绝的一本书。

所以，觉得书贵不是因为理解能力不足，而是选择的书不合适。

买了很多对自己没有什么启发的书，当然会觉得"经管书一本1500日元太贵了"。

本章将向大家讲解一下选书的方法，了解之后可以帮助大家选择最适合现在的你读的书。最终，可以使大家从同样的一本书中得到更多的启发，实现自我成长。

如果能够切实实践选书方法的话，大家到时候肯定会认为"经管书一本1500日元太便宜了"！

精神科医生选书的方法 1

遇到本垒打级别的书，
有助于实现快速的自我成长——本垒打读书法

读书只靠数量不会改变你的人生

我每天都在YouTube我的频道"精神科医生桦泽紫苑之桦频道"发布一些视频，内容涉及精神医学、心理学、生活方式、商务知识等等。

根据内容的不同，每个视频的点击量也稍有差异，但基本上都是两天内1000次左右。

前几天，我上传了一段关于选择图书的视频——"如何选书才能不失败，准确找到'有趣'的图书"，两天内的播放次数却只有165次，是当月点击量最少的视频。

我在YouTube上已经上传了数百段视频，也了解了大家对什么内容关心对什么内容不关心。根据YouTube视频的播放次数，使我了解到很多人对"选择图书"并不感兴趣。

另外，我的"每月阅读30本书的方法"的视频却是超级受欢迎，两天内的播放次数竟然超过了2000次，是当月点击量最高的视频。

由此可以看出，大部分人关心多读书，而对于读什么书却并不关心。

但我认为这完全是本末倒置。

对于读书来说，"读什么书"要比"读多少书"重要10倍。

读了10本无聊的书与读了一本好书相比，哪个对个人的成长更有用呢？自不用说，读一本好书的作用要更大。

但是，遇到一本真正的好书并不是那么容易。即使像我这样每月读30本书，但是真正让我从心底觉得是好书的并不多见。

也就是说，我们需要读很多书才能遇到一本好书。反过来说，如果我们能够提高自己阅读好书的概率，即使不读那么多书，也可以实现切实的自我成长。

多读书并不能改变人生，能够改变人生的是读了多少对自己有用的好书。

遇到一本真正的好书就像是在棒球比赛中打出了本垒打。不论是多么优秀的选手，都不可能全部打出本垒打。想要增加本垒打的次数，就要进入首发阵容，增加自己的击打次数。

很多人从来没有认真地考虑过自己"读了什么"。

有些人读了很多书却没有什么成长，就是没有遇到自己的"本垒打书"。也就是说，他选择书的方法有问题。

不要一味地"多读"，而是要关注"读哪些书"，每一本书都要精挑细选。这样才能提高遇到"本垒打书"的概率，从而真正促进自己的成长。

在这章的内容中，我将向大家介绍我所用的各种方法，怎样提高自己遇到"好书"的概率。

精神科医生选书的方法 2

阅读符合自己现在水平的书——守破离读书法

初学者总喜欢学高级知识

我总是会定期开一些有关Facebook和YouTube的培训课程。

如果我强调说"可以学到有关Facebook的高深知识"，则会召集到很多人。但是，参加的学员中有7～8成都是Facebook的初学者。

曾经一次我说"可以让Facebook初学者简单易懂地了解入门知识"，没想到培训开班时召集到的人只有平时的一半左右。

这些人明明只是入门阶段，连最基本的操作方法都还不了解，为什么对"高深知识"那么感兴趣呢？并且，他们用到这些知识也是半年或一年之后。那时候，他们在培训班上学到的东西恐怕已经忘记，或者到时候根本没法用了吧！

不论是信息还是知识，只收集和吸收自己现阶段需要的，否则，那些多余的信息和知识也不会促进自己的成长。

学习适合自己现在水平的内容，使自己获得最大化的成长。不仅仅读书是这样，其他所有的学习都适用这一法则。

以守破离来确定自己的水平

阅读适合自己水平的书，换句话说就是"阅读你现在真正需要的书"。

或许大家会认为"这还用你说吗"。

想必大家都有过这种经验吧——买回书一看却发现里面的内容太简单，全部都是自己知道的知识。

网上图书评价里很多人只给了一星或两星，大部分都是说里面的内容过于简单。但是，那本书的内容真的就不够好吗？

或许这本书本来就是面向初学者的，使他们读起来简单易懂，在高水平的人看来当然内容就不够深刻了。

相反的情况，很多人也都买过"太难，根本看不懂"的书。所以，买书要适合自己的知识水平，否则不是过于简单就是过于难懂，根本得不到什么"启发"和"学习"。

当然，这些与你水平不符的书不仅让你无法获得自我成长，还会白白浪费你的时间和金钱。

为了避免出现以上情况，我给大家推荐"守破离读书法"。

"守破离"这个词，估计有很多人都听说过。

"守破离"是一个表示学习姿态的词语，经常在日本的茶道、武士道和艺术学习中出现。我觉得"守破离"是一种能够显著提高学习效率的方法，不论是用在做学问、商业还是日常娱乐中。

"守"就是追随自己的师父学习其流派，并深入钻研；

"破"就是穷尽师父的流派之后再对其他流派加以研究；

"离"就是自己的研究集大成，其后开拓自己的境界，独创新流派。

也就是说，学习基础、认真模仿的阶段就是"守"（初级）；

研究别人的方法，进而促进自己成长的阶段就是"破"（中级）；

探索自己的流派，取得新层次造诣的阶段就是"离"（高级）。

我认为读书就是要从中学到某些知识，这时就要考虑自己正处在"学习"的哪个阶段——守？破？还是离？

并且，还要了解书中的内容主要针对守、破、离的哪个阶段。

了解自己在该领域处于"守破离"的哪个阶段，下一步的目标是什么。在此基础之上，再了解自己要买的书的内容主要是针对"守破离"的哪个阶段进行。这样的话，对你来说"最需要的书"自然就明朗了。

书大致可以分为三类：

● 守——学习基础知识的入门书；

● 破——学习别人方法的应用书；

● 离——探索自我模式的"突破"书。

大部分人总是希望买"离"类的书。

尽管自己只是一个初学者，却希望立刻学到高手才能体会的深意，这是完全无法做到的。但是，给了他们一种错觉，感觉自己已经学到了很高深的东西，获得一种自我满足感。这就是很多人明明读了很多书却无法成长的原因。

很多书也是在一本书中从基础讲到应用，涉及的跨度比较大。在买这类书之前，可以通过作者的"主要读者对象"来判断这本书主要面向哪些人，然后看看是否适合自己。

读了一本书的目录，大致就可以了解书中的内容主要着力点在于"守破离"的哪一部分。从基础讲到应用的书大部分面向初学到中级水平的读者，也即是"守"到"破"这一类别的书。

阅读适合自己现状水平的书，可以使你的自我成长提高数倍。

精神科医生选书的方法 3

从"入门书"开始学起——入门读书法

通过"入门书"来了解基本知识和把握整体概况

托马斯·皮凯蒂的《21世纪资本论》成为一本畅销书，页码有近700页，定价在6000日元左右，可以说是一本巨作。按照以往先例，这种书是很难成为畅销书的，那些购书者都能够读懂这本书吗？

我在经济学方面还处于"守"的阶段，怎么也读不懂这本书。于是，我就读了池田信夫所写的《面向日本人的皮凯蒂入门——60分钟读懂〈21世纪资本论〉的要点》。

前面我们也说过，越是平时不读书的人，越是喜欢读高深的著作。脱离基础知识，希望立刻就阅读高深的知识，虽然自己觉得都了解了，但实际上没有掌握什么知识，根本达不到与别人讨论的水平。

例如，很多人都对分析心理学感兴趣。如果让我给这些人推荐一些书的话，我会推荐河合隼雄的《分析心理学入门》，这也是精神科医生必读的分析心理学教科书。对于精神科医生、心理咨询师及对心理学及人文社科感兴趣的读者，我建议大家一定要读一下这本书。

相反，对于每月只读两三本书的人，或者完全没有心理学基础的人，我是不建议读这本书的。因为这本书中会出现很多心理学术语，估计他们读不到10页就会扔到一旁。

阅读经典很重要，但如果直接从经典书籍开始阅读的话很难读懂。

因此，我建议大家最初从入门书或图解书开始阅读。

具体到分析心理学的话，我建议大家从福岛哲夫的《图解杂学——分析心理学》开始读起。《图解杂学》系列有关心理类的图书就有二十多本，每幅对开页讲解一个话题，左边是文字性的理论解说，右边是有助于直观理解的插图，非常简明易懂。对于平常不读书的人或者是学生来说，都能够很容易地去理解其中的内容。

我的书架上现在还有十几本《图解杂学》系列的书，在学习心理学时给了我很大的帮助。通过这些简单易懂的入门书，使我了解了分析心理学的概要及大致结构——"原来是这么回事儿啊！"

接下来，我又读了河合隼雄的《分析心理学入门》，因为已经具备了一定的基础知识，原本觉得难以理解的一本书竟然读得毫不费力。

对于处于"守"阶段的人来说，如果直接阅读处于"破"或"离"阶段的经典书籍，很多情况下是非常困难的。

首先通过入门书来了解基础知识及整体概况，培养了基本功之后，再进入下一阶段。不仅能够节约时间，还能让你获得更深的阅读启发。

精神科医生选书的方法 4

阅读别人推荐的书——推荐读书法

阅读你所崇敬的人写的书以及他推荐的书

"也读了很多书，但是很少能遇到好书。怎样才能提高效率，只读有益的书呢？"——这是很多人都经常提出的一个问题。

如果你到书店里，看到什么书就买什么书，那遇到好书的概率是相当低的。但是，即使是大家一致推荐的好书，如果这些书对你的自我提高起不到什么帮助作用，那也说不上是好书。

所以，最好的书就是你自己挑选的对现在的自己有用的书，但这需要花费大量的时间去阅读才能最终找到。

不过，大家都应该有自己的偶像吧？当然，这种偶像不应限于流行偶像，而是你打心底尊敬的人、能够指引自己的人、让你崇敬的人。

如果有的话，那你就先阅读一下他的作品。这些作品有趣没趣先另当别论，但肯定能够帮助你向你的偶像更近一步。

接下来，就是阅读你崇敬的人所推荐的书。这些都是在他成长过程中起到很大作用的书，是他成长过程中的精神食粮，对你的成长来说肯定能够起到积极的效果。

读书不是拿到什么书读什么书，读你所崇敬的人推荐的书，可以切实地提高你遇到好书的概率。

别人在推荐一本书的时候，背后肯定有不推荐另外九十九本书的理由。阅读别人推荐的书，就好像是喝到了浓缩汤汁中最美味的部分。

听听别人的声音——信息流读书法

我在选书的时候，参考最多的就是Facebook的信息流（News Feed）。

Facebook的信息流中每天都有各位朋友更新的信息——"我读了××书""现在正在阅读××书"等。如果从中发现了感兴趣的书，我马上就会入手。

Facebook上有很多与自己在职业、兴趣爱好、思维方式、人生观等都大致相同的好友，信息流里每天都不断更新他们的信息。其中的一些好友还是我们生活中真实的朋友，我们也了解他们的专长及性格等等。

当然，我们也了解这些朋友的知识背景，如果还比较欣赏他的话，对于他推荐的一些书还是有兴趣读一读的。

不过，每个人的价值观各不相同，推荐的书也各种各样。如果我们对一个人的背景完全不了解，那就无法对他推荐的书进行判断。

与"推荐哪些书"相比，我觉得"谁推荐的书"要更为重要。

从这一点来说，自己的朋友或熟人所推荐的书要更为可靠，更有可能成为你的本垒打书。因此，除了听从朋友的直接推荐，我们也要利用好社交媒体这个新事物，来获取更重要的选书信息。

提高本垒打率——一万五千日元读书法

我经常会在Facebook和邮件杂志中写一些自己的读后感或书评，但能够值得我强烈推荐的书并不多，每月读的书里面，能让我有勇气向大家推荐的也就几本而已。

我每月读30本书，中间能够向大家推荐的也就几本，相当于十里挑一的感觉。

换句话说，一本书1500日元，为了遇到一本可以向大家推荐的书，我需要投资15000日元。因为这么多投资才出来一本书的成果，相当于其价值15000日元。

如果是自己从零开始选择好书的话，就需要花费15000日元。但如果购买我推荐的书，不仅可以提高短时间内找到自己本垒打书的概率，还可以省去15000日元。

我认为，别人真心实意推荐的书，要比书店里随便一本书的价值高好几倍。

但是，我推荐的这些书也不都完全是你的本垒打书，因为每个人读书的目的、希望从书中学到的知识等等都各不相同。

这种情况下，就不仅仅要看我推荐了什么书，更要留意我推荐这本书的意图。这本书中有你所需的知识吗？是否与你阅读的目的及方向一致？等等，这些都需要确认清楚，才能够提高你的本垒打概率。

参考书评家的意见

在周刊杂志及报纸上，经常会有一些书评专栏，这对于我们选书非常有帮助。我经常参考的就是"××专家的本周甄选"之类的专栏。因为都是各方面的专家，推荐的书也都是他们最近读过的书中的精品。能够在周刊杂志及报纸上写文章的人，每月也差不多能够读个几十本书，甚至有的能够上百本。也就是说，这些推荐的书都是百里挑一的。

此外，周刊杂志和报纸的受众群体都是几十上百万人，所推荐的一本书也不可能是什么拿不出手的作品。

在选书时，自己的眼光虽然非常重要，但日本每年出版8万册书，每天都有200册，如果从头开始选起的话可是要费一番大工夫。所以，我们需要参考图书策展人的意见。

策展就相当于对信息进行整理、分类，把握其中的含义，并以简明易懂的形式向人们进行传达。从事这一活动的人就是策展人，最近多用来指代在互联网领域整理信息并进行传播的人。

在选书的过程中，参考策展人的意见也非常重要。我们将某些人推荐的作品作为备选项，然后再通过自己的眼光进行选择判断，这样肯定能够降低差错，提高选书的效率。

另外，这些推荐者最好是你尊敬、信赖的人。越是你尊敬和信赖的人，他们推荐的书能够成为你的本垒打书的概率就越高。

现在网络上也有很多书评网站和书评博客，也可以从中选择适合自己的作品。

精神科医生选书的方法 5

不要依赖畅销排行榜——自我读书法

不要依赖排行榜，重要的是自己感兴趣

畅销书是不是有必要都读读呢？经常有人问我这样的问题。对于销售排名比较靠前的畅销书，我也是读的，但也只是每月读几本而已。

例如，《被讨厌的勇气——"自我启发之父"阿德勒的哲学课》曾是2014年的超级畅销书，自从2013年12月发售开始，一直位于书店畅销排行榜的前几位。但我直到2014年5月才读了这本书，因为我觉得那时才是阅读的最好时机。

大家去书店的话，总是会到"本周畅销书"或"人气图书"之类的书架去看看。但是，我们买书的标准应该是"自己是否感兴趣"，与别人读不读没有什么关系。"大家都在看，所以我也必须看"——这种想法本身就是不正确的。

"大家都在做什么事情，所以我也要同样去做什么事情"——这在心理学中被称为同辈压力，盲目追随会给你一种任人摆布的

感觉，是心理压力的一个来源。

即使勉强读了也起不到什么作用，也不会在大脑中留下什么记忆，只能给自己增加压力。这样的阅读就没有什么意义了。

所以，选书的时候不要去管是不是什么畅销书，而是看你自己有没有阅读的兴趣。如果你真想读畅销书的话，买就是了；如果根本就没有阅读的想法，那就不去买，就是这么简单。

对于畅销书来说，一部分会让大家觉得"内容很丰富有趣，不愧为畅销书"，而另外一部分则会让大家感到"虽然通俗易懂，但内容稍显单薄"。

对于后者来说，显然是这些书符合了时代潮流，比较被大众所认可，以至于连平时不读书的人都去购买，所以才成为畅销书。也就是说，这些书为了成为畅销书，需要更加面向平时不读书的人，内容自然就简单了。而对于平时就读书较多的人来说，总会觉得这类书的内容过于浅显。

对于普通读者来说，不用拘泥于是否是畅销书、销量如何等等，而是甄别出自己感兴趣的书、自己需要的书，然后去阅读就可以了。

精神科医生选书的方法 6

去大型书店找专业书——专业书读书法

大型书店中专业书种类多

经常有人说找不到和自己工作相关的专业书籍。

专业书的内容都比较深奥，在一般的小书店中是没有销路的。书店的营业面积决定了它能放多少书，所以小书店中根本不会存放不畅销的专业书。

另外，如果想在网上检索的话，如果不知道书名中的关键词，检索起来也比较困难。

这种情况下，我就推荐大家到大型书店看看，在大型书店很适合查找专业书。

精神科医生选书的方法 7

参考网上书店的评价及推荐——网上书店读书法

网上评价只是作为参考

在网上买书看不到实物，更加需要留意。对于有些完美主义的人，绝对不容许选书出现失误的话，还是建议直接到书店看过原书之后再买。

不过，在网上书店买书也是有方便的地方，就是可以看到别人都买的什么书，买这些书的人都做了什么样的评价等。

只要看一下现在的销售排行榜，就可以了解现在什么书卖得最火。顺便说一下，亚马逊的排行榜是每小时更新一次。

另外，网上书店还有"购买此商品的顾客也同时购买……""对该商品感兴趣的顾客同时也对这些商品感兴趣"等推荐功能。这可以让我们了解到大家都对什么书感兴趣、买了什么书等，就像偷窥别人的大脑或者说书架，非常有意思。

在网上书店可以了解别人的兴趣、购买历史和评价等，这是网上书店的优势所在。但反过来说，又很难判定这些书是不是你真正需要的。如果不一本一本去仔细辨别，很可能买到"流行但对你没有什么帮助"的书。

此外，在参考别人的评价时，有些地方也需要注意。例如，有些人给出了一星的最低评价，评价内容近乎破口大骂，但仔细阅读后发现原来这些书只是"自己不需要这类书"，或者是"书中内容与自己现有的知识水平不符"。

如果一本书的评价都是"净说些大白话""一点都没有新鲜感""这么简单的小儿科，三岁孩子都懂"等，也有可能说明这是一本面向初学者的入门书，内容比较基础，讲解细致易懂，是一本好的入门书。

评论只是作为参考，大家切不可不加甄别。

活用"相关图书推荐"功能

我在亚马逊上买书时最实用的功能既不是排行也不是书评，而是"购买此商品的顾客也同时购买……"这一相关图书推荐功能。

在商品下面的推荐栏中，会显示当前图书的"同类书"，大致也是按照销量顺序进行排列的。因此，可以一次阅读好几本相关图书，对于深入阅读非常有帮助。

例如，如果我想深入阅读积极心理学方面的书籍，就会在亚马逊网站的搜索框内输入"积极心理学"进行检索，然后书名中包含"积极心理学"的图书就会在检索结果中排名比较靠前，而内容与积极心理学相关的图书排名就比较靠后。如果我按照检索结果从上面依次购买，就有可能买到一些不太相关的图书。与上述方法相比，参考图书推荐功能的结果会更加精确，有助于我们深入阅读。

肖恩·埃科尔的《快乐竞争力：赢得优势的7个积极心理学法则》是积极心理学方面的终极版图书，从我的电脑上来看，在该书亚马逊页面的推荐栏中就显示出《幸福原动力：赢得快乐竞争力的5个秘诀》（肖恩·埃科尔著）、《持续的幸福》（马丁·塞利格曼著）、《幸福有方法》（桑雅·吕波密斯基著）、《幸福的方法：哈佛大学最受欢迎的幸福课》（泰勒·本·沙哈尔著）等图书。

有关积极心理学我读过二十多本书，其中就包括《快乐竞争力：赢得优势的7个积极心理学法则》推荐栏中的前五本书，可见亚马逊图书推荐功能的强大。

亚马逊的图书推荐功能是运用了亚马逊所拥有的庞大购买历史，就是所说的"大数据"，然后再根据用户的购买历史和其他个人信息，推荐给客户一些相关的高购买率商品。其他网站也有类似的程序，但在精准度方面，亚马逊是其他公司所不能比的。

所以，这些推荐栏的图书是全世界最先进的程序给我们挑选出来的，应该是与我们的需求比较符合的，希望大家都能够灵活运用这一功能。

精神科医生选书的方法 8

重视偶遇——机缘能力读书法

提高你的机缘能力

在大型书店内闲逛时，我们有时会有意外的发现——"竟然有这样一本书！"

我经常会在亚马逊上检索自己感兴趣的领域，收集到的信息也非常广泛，不论是新近出版还是以前出版的书我都非常了解。但即使是这样，到大型书店中也经常会遇到一些没见过的书——"这个领域竟然有这样一本书""这位作者竟然还写了这样一本书"等。

现在是网络时代，大家都非常重视搜索。

把要查找的关键词输入搜索框中，就会检索出相关的信息。

但同时也有一定的弊端，就像我们前面说过的找"积极心理学"方面的书。如果书名和图书介绍中都没有包含"积极心理学"这一关键词的话，即使是内容相关，估计也不会出现在检索结果中。

搜索很重要，但搜索不是万能的。

英语中有"serendipity"一词，就是在寻找一种东西的时候，能够发现比你要找的东西更有价值的别的东西，是一种意外发现珍奇事物的才能。不经意间的机会，就能够获得启发，抓住幸运之神。

我认为人与书籍也是有一种机缘能力的。

与一本书的偶遇看起来是机缘凑巧，但实际上并不是偶然的。

我们在哪些书架前浏览、目光瞟到哪儿等，貌似都是无意识的动作，却是在潜意识的驱动下进行着选择。

人类的大脑对于自己需要以及重要的信息总是积极地去收集，而对于自己不感兴趣的信息和不了解的信息，总是视而不见，这在心理学中被称为"选择性注意"。

例如，在一个热闹的鸡尾酒会上，很多人三三两两聚在一起谈论各种各样的话题，要想听清其中的内容很是困难。

但是，如果在哪一组的对话中出现了你的名字，你就会在瞬间反应过来——"刚才谁好像叫了我的名字？！"这是因为你对自己的名字有选择性注意，即使在嘈杂的会场也能够对你的名字产生反应。

因此，为了能够遇见自己所不知道的好书，需要事先明确自己需要的信息，竖起自己的天线，时刻准备着捕捉信号。

将自己的兴趣、关注面、需要的信息和知识等做成自己的信息滤网，那么在书店浏览图书时，你遇到本垒打书的概率也会成倍增加。

另外，将自己关心的范围扩大，遇到好书的机会也大大增加。在自己关注的领域内外，对各种信息都敏感地捕捉，在各种领域都会遇到好书。

精神科医生选书的方法 9

相信直觉——直觉读书法

最终要相信直觉

自己读哪本书比较好？买哪本书比较好？

我觉得最终的判断还是要靠直觉——"这本书比较有趣""这本书应该对自己有帮助"等。通过大量的阅读，不断磨炼自己选书的直觉，使选书失误的概率不断下降。

直觉大部分还是正确的。以对职业国际象棋选手的研究为例，他们看到某些棋局后，首先脑海中浮现的走法与深思熟虑后的走法90%是一致的。也就是说，依靠直觉的即时判断与长时间思考后的结果在大多数场合是没有区别的。

还有另外一个比较深奥的话题。

羽生善治是一位职业棋手，在其著作《直感力》中曾这样写道："在遇到某些局面时，突然会灵光一闪，感觉只有这一步可走，我会百分百地相信这是最佳选择，这就是理论性思考升华为直觉的瞬间。"

羽生善治从小就在日常生活中反复进行思考训练，所以现在依靠直觉就可以在瞬间做出最佳选择。

实际上，根据最新的大脑科学研究，产生直觉的大脑基底核部分，即使在成年之后也在不断成长。

也就是说，大脑科学已经证明，通过对大脑基底核的训练，可以培养做出正确判断的直觉，通过直觉做出最佳选择。并且，这种训练现在开始还为时不晚。

直觉是以个人的丰富知识及经验为数据库，在无意识的状态下瞬间做出的判断。人类99.9%的行动都不是认真思考过的，而是在无意识的直觉的支配下做出的。因此，如果有比较丰富的"经验值"，可以说直觉就是一个人的最佳判断。

具体到读书方面，读书越多，自己的数据库中"好书"及"有用的书"就越充实，利用直觉做出正确判断的概率就越高。

读书越多的人的直觉中正确的部分就越多，也就越相信自己的直觉，用直觉自信地选书。

另外，基本不读书的人对于书的知识和经验也比较薄弱，他们的直觉很难说得上正确。所以，在自己读很多书之前，还需要靠多读书的人给自己推荐好书，从中做出选择才能降低选书的失误率。

靠直觉选书的话，最好还是到书店中实际拿起原书看看，自己在拿到书的瞬间，是否有激动或兴奋的感觉，这是很重要的。

如果自己兴奋或激动的话，那就立即买下，到收银台去结账，没有必要过多地考虑。

在兴奋的心情中开始阅读，大脑内会分泌多巴胺，从而提高自己的记忆和学习效果。

精神科医生选书的方法 10

从一本书到几本书的追溯——串珠读书法

灵活运用参考文献、出处等信息

很多书的结尾都有"参考文献"，内容中间也会穿插一些出处、引自哪里等。可惜的是，大部分人在读书时根本不关心这些。但对于真正读书的人来说，"参考文献"是一个非常重要的信息来源。

参考文献中的书大部分读了之后还是有益处的，因为这些都是作者参考的书，一般不会参考一些无聊或没什么帮助的书。

一般来说，参考文献中的书都对作者有一定的影响，或者说是作者希望推荐给大家的书。

如果你读完一本书后，希望对这方面的内容做更深入的了解，可以从参考文献中间挑选几本感兴趣的书读，相信会加深你对这一领域的理解。

也有的书是每章后面都会列出参考文献，假如你对第四章的内容产生了强烈的共鸣，可以参考第四章的参考文献，这些都与这一章的内容关系非常密切，然后从中挑出几本购买即可。

这样一来，你对这本书的内容就会有一个完全深入的理解。

拿到这些参考文献之后，你会发现这些书后面还有参考文献。如果想进一步了解的话，可以再从中挑出几本购买。

如此这样，参考文献就像串珠一样串联了起来，你就可以一举阅读到该领域中最重要的书，这就是我说的"串珠读书法"。

串珠读书法可以强烈加深你对该领域知识的理解，是一种终极探索的读书方法。

如果连续读了几本同一领域的书，你就会发现有好几本书的参考文献都是同一本书，这本书很可能就是这一领域的"经典"，或者是"名著""代表著作"，一定要读读试试。

如果用串珠读书法的话，一个月串起来读一本书的话就没有什么意义了，最好是在短时期内阅读几本书，使自己沉浸在这一领域之中，这样才能留下深刻的记忆。

人的记忆是串联起来的

如果把知识串联起来，就会比较容易记忆。

有关记忆方法的书中肯定有这样的内容，因为人类大脑总是将过去的事情及知识串联起来记忆的。

例如，一种是在一个月内读了5本完全不同领域的书，另一种是连续阅读5本同一领域的书，你觉得哪种方式的记忆效果会更好呢？

当然，肯定是连续阅读5本同一领域的书的记忆效果要更好。

因为这同一领域的5本书相互之间有一定的关联性，即使你在无意识之间，也会在阅读中对各本书的内容进行比较和参照。

我前一段时间在两周内读了10本关于积极心理学的书，发现几乎所有的书中都这样写道——积极思考的人更能健康长寿。

其中，有的学者重点论述了积极与健康的关系，有的学者论述了积极如何促进工作，而另外的学者则论证了积极与生活方式的关系。

因为我一口气读了很多本书，发现"这本书是这样写的，另外一本书却是这样一种论述"，自然就将各种记忆联系到了一起。

结果就是，我达到了一个前所未有的记忆效果。

这样查找学术论文

前面和大家说过串珠读书法，根据书后面记录的参考文献，可以找到相关的图书来加深进一步的理解。

自己在写书或者写论文的时候，时常会需要我们参考和引用一些适当的学术论文，来增强自己的论据。

但是，如果从零开始查找引用文献的话是需要花费巨大精力的。

这时，就到了谷歌学术搜索登场的时候了——http://scholar.google.cn/。

谷歌学术搜索是一种简单易用的搜索引擎，能够在庞大的网络数据中只检索学术相关的资料。不论学术资料属于何种领域，是哪儿发行的，就连一些学术出版社、专业学会、大学和其他学术团体的专业杂志、论文、图书、总结和相关报道等都可以检索到。谷歌学术搜索在检索相关性较高的学术研究资料方面，具有其他搜索引擎不可比拟的优势。

基本上学术论文的内容正文都是收费的，但是论文的摘要部分可以免费阅读。另外，有些在出版社的网站上阅览需要收费，而到作者自己的网站上阅览却是免费的。类似于这些链接，谷歌学术搜索都可以给你作为检索结果展现出来。

与谷歌网站一样，谷歌学术搜索也是将关联性最高的信息展现在检索结果的前面。依靠谷歌的强大技术，每篇文章的全文、作者、刊登的出版物、被其他学术资料引用的次数等都会作为检索结果呈现出来，同时还会按照论文的影响力进行排序。

另外，与一般的谷歌搜索一样，也可以在检索时对语言、日期和作者进行筛选，同时还支持运算符号等复杂的检索方式。如果熟练掌握之后，你就可以自如地检索自己需要的学术论文。

这对于写书或者写硕士、博士论文的人来说，是非常方便的。在商务演讲中，如果想增加自己PPT或报告论据的可靠性，也可以使用谷歌学术搜索。

所以，请大家务必记住——在搜索学术论文的时候可以使用谷歌学术搜索。

精神科医生选书的方法 11
选书不失败的4个标准

怎样选书才能做到不失败

前面也一直在和大家讲，"选择哪本书"是一个非常重要的问题。

特别是读书量较少的人，不应该漫无目的地读书，而应该有"目的"地去读书。如果目的地都没有确定的话，当然你任何时候都到达不了你的目的地。如果漫无目的地读书，尽管你读了很多书，你自己的生活却没有丝毫的改变。

怀着目的去选书，那就要有一个选书的"标准"。从降低失败率方面来说，我们在选择书时也要有标准。

与随机选择相比，按照一定标准选择出来的书，成为"本垒打书"的概率当然会有数倍的差距。

我在选书的时候，有以下四个标准。

不失败的标准 1

广泛、深入、均衡地阅读——挖温泉读书法

到底是为了扩展知识而读书，还是为了加深知识而读书？

大家在平时的读书中，哪种读书会更多一些呢？

如果只是为了扩展知识而读书，则会成为一个知识面广泛的万事通，但很难成为某方面的专家。

而如果一味地为了加深知识而读书，你会在自己专业领域无所不知，但在其他领域完全是门外汉。

所以，掌握好泛读与深读的平衡非常重要。

首先，通过泛读来扩展自己的兴趣范围，如果从中发现自己感兴趣或者希望更加深入了解的领域，然后就可以对这一领域开始深入阅读。

这就相当于挖温泉，分为试挖和正式挖掘两种。先在自己觉得有可能出温泉的地方试挖，当然这有可能挖出来温泉，也有可能挖不出。经过几番尝试之后，你终于找到了一个出温泉的地方。

然后，为了使温泉水能够持续大量涌出，还需要进一步地正式挖掘。

温泉就是能够引发你的兴致和好奇心的领域，在这一领域中你可以发现你的个性、特性、长处、才能以及其他隐藏的能力。

为了能够通过读书来发现你的各种可能性，就要不断地"试挖"，如果你确定"就是这儿！"的时候，就可以开始"正式挖掘"了。这是最有效的自我成长读书法。

最可惜的就是——试挖后，出现了少量的温泉，而你将其轻易放弃，开始下一个"试挖"。

例如，看了超级畅销书《被讨厌的勇气——"自我启发之父"阿德勒的哲学课》之后，你觉得"非常有趣""阿德勒心理学非常厉害"，但也就仅限于此，并没有进一步地探求。你的内心已经触动了一个开关，觉得"学习阿德勒心理学很棒"，但你并没有在行动上予以回应，这就是非常可惜的。

如果对阿德勒心理学产生了兴趣，就可以试着读几本其他有关阿德勒心理学的书。通过"正式挖掘"，能够进一步加深你的知识，提高记忆效果，从而让你的日常生活中也能够践行阿德勒心理学。

另一个常见的失败类型就是——还没有最终确定是否有温泉，就径直开始了"正式挖掘"，这是对时间的巨大浪费。

例如，此前并不怎么读书的一位新任管理者，听前辈说"如果做管理者的话，起码要读一读彼得·德鲁克的书"，于是就决定学习学习，就买来《德鲁克管理思想精要》开始阅读。但是，要读完这本著作是很费功夫的，特别是对于没有阅读过管理类书的人来说，书中一些深奥的内容实在难以理解。这就是一开始就"正式挖掘"的典型失败案例。

对于平常读书较多的人来说，径直开始"正式挖掘"有可能会找到温泉，但对于平时没有读书习惯的人来说，特别是阅读自己并不感兴趣的专业领域书籍，建议不要径直开始"正式挖掘"。

如果平时不怎么读书的人希望学习一下德鲁克的管理学，建议可以从《如果高中棒球队女子经理读了彼得·德鲁克》这本书开始读起。这也是一本超级畅销书，用漫画和图解的形式简明扼要地介绍了德鲁克的管理学思想，是一本入门书。读了几本德鲁克管理学的入门书之后，具备了一定的基础，就可以开始读《德鲁克管理思想精要》这本书了。这样的话，就可以对德鲁克管理学有一个更深入的了解。

在选书的时候，思考一下"广泛阅读"和"深入阅读"哪个才是自己所需要的，这样就能够大大提高自己选择到所需图书的概率。

不失败的标准 2

两只脚走路——扩展优势与克服短板

人有两种方法可以使自己成长——扩展优势与克服短板。

进一步扩展自己擅长的领域、增强既有优势能力就是"扩展优势"，克服自己的弱项、补足自己短缺领域就是"克服短板"。

具体到读书来说，"扩展优势"就是进一步加深自己已知的知识，"克服短板"就是学习自己未知的知识。

例如，利用智能手机来管理自己的日程。有些人对于较大的工作日程安排已经有了一定的自信，但希望在此基础上避免更小的时间浪费，使时间的利用更有效率，他们需要阅读"时间管理"类图书。

而另外一些人经常迟到，提交资料也总是拖到最后一刻，没有什么时间观念，他们也需要阅读"时间管理"类图书。

同样是"时间管理"类图书，前者就是以"扩展优势"为目的，而后者是以"克服短板"为目的。同样是"时间管理"类图书，两个人要读的书却是完全不同的。

所以，大家在选书的时候，要明白自己是为了"扩展优势"还是为了"克服短板"。"克服短板"的人需要阅读"守破离"中的"守"一类的书，而"扩展优势"的人需要阅读"守破离"中的"破·离"类的书。

那么，"扩展优势"和"克服短板"，哪个应该更优先呢？

在培养孩子的时候，优先"扩展优势"可以激发孩子的兴致。因为对于基本没有过成功体验的孩子来说，如果强制让他们做自己不喜欢的事情，他们是不会积极参与的。需要先让他们做自己喜欢、擅长的事情，积累他们的成就感和自信心，然后在这一基础上去"克服短板"。

读书也是一样。对于不擅长读书的人来说，如果阅读自己不擅长领域的书，会给自己造成巨大的心理压力，使自己读完一本书都很痛苦。

对于这类人来说，应该先从自己感兴趣、自己爱读的领域读起，扩展自己的优势。培养出读书的习惯、可以进行一定程度的深读之后，就可以进行克服短板的阅读，肯定会非常有效果。

不失败的标准 3

消除"信息"与"知识"的失衡——营养均衡阅读法

"信息"就相当于便利店的饭团，吃完之后感觉很好吃。这些碳水化合物可以填饱我们的肚子，给一天的活动提供能量。

而"知识"相当于钙和铁等矿物质成分，是组成骨骼和血液的成分。如果我们一天不摄入钙和铁成分的话，对身体没有什么影响，但长期缺乏则会引起骨质疏松和贫血等疾病。

并不是说碳水化合物和矿物质哪个更重要，两者都重要，离开哪一种我们都无法生存。关键的是二者的均衡。

"信息"提供我们今天生存所需的能量，"知识"组成我们将来生存所需的身体的一部分。

与营养均衡一样，"信息"与"知识"的均衡也很重要。

只上网不读书就相当于吃"米饭"而没有"蔬菜"。靠智能手机和网络方式来学习当然非常便利，但从智能手机和网络获得的大部分都是"信息"，所以网络迷们大部分都是"信息过剩"而"知识不足"。

营养不均衡会导致疾病，"信息"和"知识"不均衡也会使人陷入一个极不自然的状态，被眼前的信息所鼓动，而不会从根本上进行思考和判断。

要取得"信息"和"知识"的均衡，需要在意识到二者比例的情况下选择所读的书和确定读书量的多少，这才是营养均衡读书法。

第二章中我们也提到了，在地铁中不要玩手机，要利用这一时间来读书。这样一来，读书获得知识的时间就会增加，而通过智能手机获取信息的时间就会相对减少。由此，就可以使"信息"与"知识"的均衡达到最佳化。

不失败的标准 4

读书的"投资组合"——分散投资阅读法

经常有人说"读了很多书，却没有什么成果"，这是因为有的书能够马上见到成果，而有的书很难马上获得成果。

拿投资来说，根据确定收益时期的长短，可以分为超短期投资、短期投资、中期投资和长期投资等，投资方法也各不相同。一般来说，超短期投资一天就可以获得收益，短期投资需要保有几天或者几周才能获得收益，中期投资则需要保有几个月到一两年，长期投资则需要保有五年以上。

如果把读书获得的好处和自我成长看作收益，那读书就可以比喻为投资。并且，根据读书的形式和内容的不同，获得收益的期限也会不一样。

例如，大致可以分为以下几类：

超短期投资——网络信息、报纸、周刊杂志；

短期投资——技能书（可以马上应用的技能）；

中期投资——有关工作方法、学习方法等的书；

长期投资——有关思想、哲学、生活方式等的书。

喜欢技能书的人只阅读技能类书，喜欢思想和哲学的人只阅读这一类的书，大家都具有这一倾向。

在投资理财的时候，大家都会按照短期、中期、长期等理财产品的不同搭配来挑选一个均衡的投资组合，读书也需要有一个合理的组合搭配。

如果只阅读类似于短期投资的书，可能会使你掌握各种技能从而使工作得心应手，但可能使你永远无法从本质上取得个人的成长。

如果只读思想和哲学类的书，长期可能会使你成为一个有深度的人，短期内却没有什么成果，难以获得进一步持续下去的动力。

如果有些人经常抱怨"读了很多书却没有什么成果""没有什么明显的进步"等，可能就是自己的读书组合出了偏差。

和投资一样，读书也需要做好短期投资、中期投资和长期投资的均衡搭配。

第 **6** 章

实现更快、更划算、更多的阅读——
电子书终极读书法

灵活运用电子书，增加读书量

电子书的出现使读书量增加20%

大家都阅读电子书吗？

我最近读的书里面，电子书占了将近三分之一。

我在买新出版的书时，如果有电子版的话，肯定会买电子版。最近很多出版社在发售新书时也会同步上线电子版，所以电子书的比例也在不断增加。

因此，在本书中，我向大家介绍一下我自己独特的电子书读书法。

我有一个亚马逊的电子书阅读器——kindle，使用起来非常方便。因为kindle的出现，我的读书量增加了将近20%。

夸张一点说，Kindle、乐天的kobo和iBook等电子书阅读器可以存下你所需要的全部图书，就相当于随身携带一个私有图书馆。如果是纸质书的话，当时读完了一本就没有下一本可读，而电子书阅读器却可以随时开始阅读下一本书。

对于读书量大、读书快的人来说，再没有比这更好的工具了，可以最大限度地利用自己的碎片时间，起到了有效利用时间的作用。

在地铁中偶尔也能见到有人阅读电子书，但现在还说不上很普及。能够灵活运用电子书阅读器的人也不是很多，所以下面我用一整章的内容对"电子书读书法"进行说明。由于我只用过kindle，所以主要是kindle的使用方法，还请大家多多谅解。

电子书与纸质书，哪个更方便

了解电子书的优点

电子书与纸质书，哪个更优秀呢?

这要看是在什么时间和什么场合。

大家先来了解一下电子书的方便之处，再来做一下二者的对比。

电子书的优点 1

便于携带

电子书最大的优点就是便于携带。

如果是纸质书的话，假设一本书200克，两本就是400克，三本就是600克，重量会随着册数成比例增加。虽然这也是情理之中的事情，但电子书的出现完全颠覆了这个情理。

电子书阅读器中可以存下你所需要的全部图书，虽然这样说有点夸张，拿Kindle Paperwhite具体来说吧，就可以存下4000本书。

另外，即使阅读器本身的存储空间用完了，你还可以把你买的电子书放在云端，在需要的时候再下载到你的阅读器上就可以了。

　　阅读器中暂时不读的书也可以删除，想读的时候再下载就可以了。也就是说，有了电子书阅读器，就相当于将自己所有的藏书都带在了身上，相当于随身携带一个私人图书馆。

　　上班路上如果手头的书读完了，有电子书阅读器的话，肯定不会让你没有下一本书来读。

　　平时出差或旅行中也是一个很好的读书机会，行李箱中放几本书的话会很重，但如果有电子书阅读器的话，就相当于随身带了好几百本书。有了电子书阅读器后，大家就不用再随身带好几本书了，也可以免去携带沉重行李的辛苦。

电子书的优点 2

便于保管图书

　　我每年阅读三百多本书，二十年的话应该有六千多本书了。有些书是读完就扔了，但大部分还是保留了下来，现在我的藏书已经不知道有几千本了。这么多本书，就算收藏也需要很大的地方。

　　并且，这些书籍还在以每年三百多本的速度增加，如果不定期收拾、处理的话，房间里面几乎都没有下脚的地方了。

　　处理一本书很简单，但处理一百本书的话就费劲了。特别是像我这样的爱书人，虽说有些书自己也不想再读第二遍，但由于自己喜欢书，从心理上不愿意就这么扔掉。

这时候，电子书就显示出了它的绝对优势——可以不用扔书，也不用将它们从书桌放到书架，不用做任何整理。购买、阅读，后面就不用理会了。

如果需要的话，任何时候都可以拿来再读一遍。

不用扔书！购买后可以一直保存！电子书的这些特性对于我这样的爱书人来说，简直是太难得、太有帮助了！

电子书的优点 3

比纸质书便宜，可以读到更多的书

对于每月读几十本书的人来说，购书费也是一笔不小的开支。

人人都想在读书上花更少的钱，但是对于新发售的书来说，基本是上没有折扣的。

但是，电子书的出现使我们也可以用更优惠的价格买到这些新书。

最近，很多大型出版社都开始拓展电子书市场，越来越多的新书是纸质书与电子书同时发售。比较一下二者的价格，发现电子书基本上是纸质书价格的50%～90%。

就拿我自己写的书来说，《SNS超级专家告诉你如何写社交网络文章》的纸质书定价为1620日元，而kindle和乐天kobo的价格为857日元，相当于便宜了47%。

1600日元以上的书能够以不到1000日元的价格买到，心理上当然很愉快了。如果看到一本喜欢的书，定价为1620日元，你可能稍有犹豫，但857日元的话估计会毫不犹豫地买下来。

假如大家每月有一万日元的购书费预算，每本书定价1500日元，那么只能买到6本书，但如果是定价1000日元的电子书，就可以买10本。

灵活运用电子书的话，在购书费不增加的情况下，可以让大家多读30%~40%的书。

电子书的优点4

购买后马上就可以阅读，节约时间

在网上书店买书，即使有库存的话，要送到东京都内某个地方也基本上是次日到达，如果使用亚马逊的"急件服务"也可能当日到达。

不过，电子书要更快，购买之后马上就可以阅读。

我觉得这也是电子书的一个绝对优势。

当你希望读一本书的时候，是你的期待值最高的时刻。如果你购买的是电子书，算上下载的时间，也就在一分钟左右，然后就可以开始阅读了。这时候，正是大脑多巴胺分泌旺盛的时刻，能够获得更好的记忆效果。

当有阅读欲望的时候，可以即刻购买、即刻阅读、即刻解决你所面临的问题。这种速度感可以加快我们思考和写作的速度。

电子书的优点 5

随时可以回看

"那本书到底去哪儿了？"自己满屋子翻腾最终也没有找到，想必大家都有过这样的经历吧。特别是像我这样藏书比较多的人，更是经常做这种浪费时间的事情。

更甚的情况是——最终也没有找到，只好再重新买一本，可以说是时间和金钱的双重浪费。

但如果是电子书的话，检索一下就可以马上找到，再也不会出现花费大量时间找书或者找不到书的情况。

此外，即使是外出时，想查找某本书中的某一章节，只要打开手头的电子书阅读器，就可以进行内容的检索了，相当于随身携带了自己的私人图书馆。

随时可以回看——这也是电子书的一大优势。

类似于词典、百科全书、法规、手册等需要多次查看的书，最适合采用电子书的形式。如果是几百页的纸质书，放到桌子上打开也很费劲。

电子书的优点 6

标注功能便于复习

在读纸质书的时候，我喜欢一边阅读一边用荧光笔画线，但如果是在拥挤的地铁里一只手中拿着行李，只靠一只手就没有办法使用我的"荧光笔读书法"了。这种情况下，我只能是折起图书的一角，等时机合适时再用荧光笔画线，就需要花费两倍的时间。

很多电子书阅读器都具有标注功能，只要用手在上面划一下就会选定标注文字，非常方便。如果是彩色阅读器，还可以选择不同的颜色标注。被标注的部分可以回看，就相当于一个名句集合，复习起来也很简单。

整本书读完之后，可以花一分钟时间将标注部分复习一遍。这样就相当于做了第一遍"输出"，可以获得更好的记忆效果。

标注方便，复习也方便，这也是阅读电子书的一大便利之处。

电子书的优点 7

方便在拥挤的地铁中阅读

利用碎片时间每月可以读30本书。而对我来说，乘坐地铁的时间是最重要的读书时间。但在拥挤的地铁中读纸质书是很不方便的，两只手空着倒无所谓，如果一只手拿着东西的话，用剩下的一只手翻书就比较费劲了。

在这种情况下，就显出了电子书阅读器的方便之处了——即使是单手也可以操作。在拥挤的地铁中，阅读电子书占用的空间比较小，也不会给别人造成困扰。

在拥挤的地铁等环境中，电子书阅读器是读书的一大帮手。

电子书的优点 8

适合老花眼

人一到了我这样的年龄，就容易出现老花眼，较小的字体根本就没法看清。如果非要努力去看的话，眼睛很快就会疲劳。

电子书阅读器可以自由设定文字的大小和行间距，选择自己喜欢的字体和字号，使阅读更加舒适。

2013年度的《国语舆论调查》结果显示，读书量减少的第二位原因是"视力等健康方面的原因"，占有34.4%的比例。如果这些人是因为视力下降或者老花眼而无法读书的话，电子书阅读器的出现或许可以使他们的读书量得到回升。电子书阅读器也许会对中老年的读书量提升做出一定的贡献。

根据纸质书和电子书的优缺点来区分使用——宫本武藏读书法

了解电子书的缺点

虽然前面说了电子书有那么多优点，但毕竟还是有不足之处的。

电子书最大的缺点就是没有整本书的厚度感，无法通过翻看从而短时间内浏览全书。

例如我们前面所说的"浏览读书法"和"跳跃读书法"就无法在电子书上实现，即使非得这样做，也完全没有纸质书的那种感觉。对于没有必要逐字逐行阅读的书来说，就没有办法通过大致浏览来把握关键内容。

电子书基本上是一页一页往后阅读的，或者也可以通过页面下方的滑动条来大致往后翻页。

如果你突然之间想看看这本书的结尾是什么，纸质书的话只需要大致翻一下最后一章的内容就知道了，基本上30秒钟就可以搞定。但如果是电子书的话，找起来是比较费劲的，要比纸质书花更多的时间。

另外，如果想在看过的部分找某一部分内容，纸质书的话只需要哗哗一翻，10秒钟就能找到，而电子书就没办法做到，甚至花上20～30秒也找不到，让人感到很急躁。

为了避免出现这种情况，我会将自己觉得有可能回看的地方事先标注一下。等到需要回看的时候，只需要在标注的内容中查找，就可以跳到指定的地方。

另外一种方法就是通过检索功能，输入自己想查找内容的单词或部分内容，也可以在短时间内找到。

电子书虽说也有各种不便，但如果习惯了它的使用方法，就可以找到自己的克服方式和适合的阅读方法。

纸质书和电子书的二刀流更有效率

我在外出的时候一定会在包里放一本纸质书，方便在坐地铁的时候阅读。除了那些大部头的图书外，一般的经管类书等两个小时就可以读完。这样一来，在回程的时候就没书可读了，也就没办法有效利用自己的碎片时间。

但是，如果在包里放两本书的话，就会又厚又重，不方便携带。

这个时候，我的kindle就发挥出了它的作用。

我会在包里放一本纸质书和kindle，先读纸质书，读完之后再读kindle里的电子书。

一般回程都比较累，也不想再读比较严肃的经管类书。这时，我就会从kindle的很多本电子书中挑一本自己最有兴趣的去阅读。

前面我们在"兴奋读书法"中也提到过，在最有兴趣的时候阅读可以提高记忆效果。

就如同宫本武藏的二刀流一样，纸质书和电子书的二刀流读书法可以起到有效利用碎片时间和提高记忆效果的双重作用，是一种非常高效的读书法。

阅读器的选择、标注和独门技巧——kindle读书法

桦泽流的kindle读书法

在本章的最后，就我日常使用的kindle，再和大家谈谈阅读器的选择、标注的使用，以及我自己的一些小技巧。

即使大家手头没有kindle，现在也可以通过下载免费的kindle阅读软件来阅读kindle电子书，通过下载阅读软件，电脑上面也可以阅读kindle电子书了，大家有机会一定要尝试一下。

Paperwhite与Fire，哪个更好

使用kindle读书的话，首先遇到的问题就是Paperwhite与Fire到底要买哪一个。

Paperwhite是黑白显示的，非常轻便，而Fire是彩色显示的，类似于平板电脑，还具有浏览网页和相机等各种功能，比较方便，但缺点是稍重。

很多人会在两者之间犹豫，建议大家在购买之前一定要拿到实物看一看，然后再做决定。基本上较大的家电商场都有陈列，可以实际拿到手里试用一下。

两者之间最重要的区别就是"重量"。读书一般要持续30分钟或一个小时，保持自己拿这么长时间而不累，这是一个比较重要的条件。

Paperwhite重约200克，相当于一小本书的重量，单手一直拿着也不会感觉很累。

Paperwhite是黑白显示，只阅读文字的话没有任何问题，但缺点是没办法阅读写真集或有彩色插图的电子书。并且，对于Paperwhite的画面，有些人认为非常方便阅读，另一些人认为阅读起来很吃力，意见分歧很大。

我自己用的是Fire，单手拿着的话会有些吃力，我总是放在膝盖上面，感觉还可以。

Paperwhite的一个特点在于，它与iPad和surface等背光屏幕平板电脑不同，采用的是前光触摸屏显示技术，即使在有阳光的

室外也可以看清上面的文字。

很多美国人会在自家泳池边读书，Paperwhite因为在阳光下也有很好的阅读体验，所以在发售初期的销售状况很好。

在哪儿阅读？阅读什么样的书？是否经常随身携带？等等，只要明确了使用阅读器的时间、地点、场合（TPO：time、place、occasion），就能明白自己到底需要Paperwhite还是Fire。

而就我自身来说，因为既没有智能手机也没有平板电脑，就选择了兼具平板电脑功能的Fire。

电子阅读器的真正妙趣——标注读书法

Kindle有各种各样的功能，但这些功能中最方便的功能，也是我最常用的功能，就是标注功能。

前面也提到过，kindle中的标注功能就类似于用荧光笔画线，能够使电子书中的部分内容突出显示出来。Fire有粉、蓝、黄、橙四种颜色可以选择。

使用方法就是用手指按压想要标注的地方，然后选择内容和颜色就可以了，非常简单。并且，之后还可以对标注部分的内容集中回览。

在阅读电子书的过程中，如果发现一些有趣，或者自己希望之后结合实践应用的部分，我会毫不犹豫地标注出来。

读纸质书的时候，想画线标注而手头没有笔也是不行的，在拥挤的地铁中画线也是很难受的一件事。但如果是电子书的话，就完全没有了这些烦恼，随时随地都可以画线标注。

另外，还可以将标注出来的内容转存到电脑中，通过Facebook和Twitter等分享给大家。

"标注读书法"的最大优点就是只要kindle在手，可以随时随地回览内容。即使只有三分钟的时间，也可以对最近读过的书进行复习。

用kindle免费读小说的方法

除正常的收费图书之外，kindle还有很多免费阅读的图书，并且数量巨大。

夏目漱石的《心》《我是猫》《哥儿》和太宰治的《人间失格》等经常是免费图书排行榜的前几名。

这些都是著作权到期的小说，大部分都在"青空文库"公开，所以可以免费阅读到众多的小说名著。当然，乐天kobo也可以免费阅读。

我认为kindle等电子书阅读器非常适合读小说，可以逐行逐字阅读，根据情节一步步向前推进。中间的翻页也非常具有节奏感，甚至能带动阅读速度的提升。

青空文库中我最推荐的是《脑髓地狱》，这是改变我命运的一本书。另外，还可以看看宫崎骏动画片《起风了》的原作——崛辰雄的《起风了》，或者是《冰雪奇缘》的原作——安徒生的《白雪皇后》。与电影对比一下，你会发现原著讲的完全是另外一个故事，非常有趣。

没有kindle阅读器也可以阅读kindle电子书

迄今为止，我已经出版了10本kindle电子书。每次出新电子书的时候，我都会在Facebook上和大家做介绍，经常有人评论说："我没有kindle阅读器，没办法读这本书啊！"

由此可见，很多人并不知道没有kindle也可以阅读kindle电子书。

即使没有kindle阅读器，想必大家都有智能手机或平板电脑吧？只要下载安装了"免费kindle阅读软件"，在所有的智能手机和平板电脑上都可以阅读kindle电子书。也就是说，只要你有智能手机或平板电脑，没有kindle阅读器也可以阅读kindle电子书。也可以在电脑上阅读kindle电子书，只要把这个软件安装到电脑上，用自己的电脑就可以阅读所有的kindle电子书了，非常方便。

具体的下载网址，只要搜索一下就可以找到。

现在，大家即使没有专门的电子书阅读器，用自己的手机、平板电脑或者电脑都可以阅读电子书。这样一来，电子书必将使人们的读书量大幅提升。

7

第 章

精神科医生告诉你怎样买书

正确的买书方法相当于以复利方式赚钱

存知识，不存钱

犹太人有这样一句话："金钱可以被夺走，但是知识不会被夺走。"与金钱相比，犹太人更加重视知识。因此，犹太人都很热衷于孩子的教育，在这方面不吝金钱。这样做的结果就是，知识带来了更多的金钱，也造就了全世界这么多成功的犹太人。

知识是最好的储蓄

我非常赞同这一观点。所以，我从大学时期开始，在买书和看电影上从来不计算自己花过多少钱。

如果你有100万日元存款的话，我觉得读100万日元的书要比存在银行里更划算。

如果你从10年前就开始这样做的话，你的存款就不会再是100万日元，肯定已经达到1000万日元了。

100万日元可以让你读1000本书，如果一月读10本的话，可以读十年。

164 第 7 章

从这1000本书中获得的知识结晶会给你带来多少财富呢?

如果将100万日元存到银行十年,又能给你带来多少利息呢?如果按照日本现在的近乎零利率来算,基本上是拿不到什么利息的。

但是,每月读10本书,就相当于以复利的方式给你带来财富。不仅能给你带来精神上的充实感,还能提高你的收入,带来职场的晋升。

在本章中,我将向大家介绍一下可以带来财富的买书方法。

遇到想买的书不要犹豫——年度预算购买法

不要想着每本书都回本

"虽然想买这本书,但因为太贵就算了。"——想必大家都有过这样的经历吧。

如果现在钱包中只有3000日元,要买1500日元的书,估计大家都会犹豫的。但是,如果钱包中有三万日元的话,遇到自己喜欢的书,价格是1500日元,估计大部分人都会买的。

如果你从心底想读一本书,这就是你的直觉在起作用,潜意识在向你发出阅读的指令,这时就应该毫不犹豫地买下去读。并且,在你最感兴趣的瞬间买下的这本书,你能够最大限度吸收其中的内容,从而促进自我成长。

如果这么珍贵的一本书仅仅因为价格高就放弃的话,实在是太可惜了。

对自身的知识投资不应该吝啬。读书就相当于10年复利的定期存款，之后肯定会有更多的利息和本金一并返还到我们的手中。

如果大家只读"马马虎虎"的书，那将来你的成长也只能是"马马虎虎"。

因为你现在在考虑眼前的这本书到底值不值1500日元，所以才会犹豫到底买不买。

选书的过程就像是抽奖，有中奖的时候也会有不中奖的时候，要完全做到买书不失败是不可能的。我现在每年读几百本书，不论买书时怎么全面评估，也会时不时地买到一些"让人感到遗憾"的书。当然，也不会出现连续10本都失败的情况。

因此，不要想着每本都收回成本，只要整体成本收回就可以了。我现在每年拿出30万日元的预算去买300本书，这其中只要有10本是我的本垒打书，就算是我收回了整个30万日元的成本。

也就是说，我们每年要给买书做出一个预算，然后拿预算经费去买书。书的价格有高有低，中间有文库本也有杂志，还有一些电子书，平均下来一本的价格在1000日元。如果预算是10万日元的话，基本上可以买到100本书。

一年读100本书，你已经是全日本人读书量前百分之几的人，可以称得上是一个读书家了。

因此，我们要确保每月有1万日元的购书预算，每年12万日元。

然后准备一个稍大的钱包，把12万日元的纸币放入其中。

然后，我们就不用每本书都考虑是不是值1500日元，完全依靠自己的直觉。如果你对这本书感兴趣就买下，觉得需要也可以买下，完全依赖自己的直觉。

这种用年度预算来买书的方法，就是我说的年度预算购书法。

这样一来，自己的内心也会轻松多了。

随着自己读书越来越多，自己遇到本垒打书的概率也会大幅提高。

一个月1万日元的"亚马逊钱包大作战"

前面我们说了——确保每月1万日元、一年12万日元的购书预算。但如果整天装一个专门买书的钱包，这也是很麻烦的。

并且，如果专门做一个小账册，每买一本书就做记录、做统计的话，也会很浪费时间。

下面我就给大家讲一个简单的图书费管理方法。

有人在书店买书，有人在网上书店买书，我自己则八至九成都是在亚马逊上面购买的，除非是杂志或者在书店遇到，且一定要在当天阅读的书。

于是，我首先会在便利店购买3万日元的亚马逊图书券，然后绑定至自己的亚马逊账户。每次买书的时候，都会自动从中扣除相应的金额。

这样的话，我就不用每次都用信用卡支付或者在便利店支付，就没有了花钱的感觉，买书的时候心里就轻松了很多。

3万日元就是三个月的购书预算。因此，这三个月都可以在预算范围内随便购买。实际上，你会发现三个月基本上很难花掉3万日元的购书预算。当然，买来的书都要阅读，不仅阅读，还要对内容进行"输出"。

每月10本书就需要三天读完一本，所以时间也是比较紧张的。

一般人是读不了那么多书的。但是，这可以让你体会到任性买自己感兴趣图书的充实与满足感，感悟到以前犹豫买与不买时浪费的时间与精力是多么没意义，同时还能意识到不买这本书会给你带来多大的机会损失，等等。

顺便说一下，我的亚马逊账户中一般都会保持5万日元以上的余额。

买书时要当机立断

买与不买，一分钟内做出决断

买书的时候，很多人会在买与不买之间犹豫不决。

很多人觉得买了自己不需要的书是一种金钱的浪费，但在我看来，如果犹豫时间过长，也是对时间的一种浪费。

假设上班族的平均每小时工资为2000日元，如果犹豫十分钟的话，就相当于损失了330日元。有些高收入者的每小时工资可以达到4000~5000日元，这些人如果犹豫十分钟的话，就相当于损失了600~800日元，已经可以买一本文库本的书了。

我自己的话，买与不买都会在一分钟内做出决定。

如果在网上看到有人介绍的图书，自己觉得有趣的话，就会在亚马逊上面查看。通过浏览书的目录，发现里面有自己感兴趣的知识，并且符合自己读书的"目的"，就会毫不犹豫地买下。

这整个过程大约花费一分钟的时间。

但是，有些时候因为也会在"到底要买还是不买""对于现在的自己是否有必要""从目录上无法看到是否有自己感兴趣的内容"等方面犹豫，而无法马上做出决定。

这种情况下，我就会选择"保留"，然后把这本书放入"心愿单"中，花费的时间也差不多是一分钟。

当然，有时花了一分钟时间，最后做出的判断却是"不买"。

犹豫买不买书的过程是对时间的一种浪费，所以买与不买，都要在一分钟内做出决断。

决定是"买"、"保留"，还是"不买"。

对于"保留"的图书，可以放入"心愿单"，之后再做决定。

灵活运用心愿单

在网上书店选书的时候，由于看不到实物，有时会犹豫到底要不要买。如果是在实体书店的话，一分钟内就可以判断出这本书到底是不是自己需要的。

对于一些放到心愿单中的书，我们会有一些印象，到书店中看到的话马上就可以回想起来。将实物的书拿到手里翻看一下，如果需要的话就买下，不需要的话就放弃。按照这种方法的话，就可以让我们少买一些不需要的书。

或者是，利用自己的空闲时间，每个月整理一下自己的心愿单。也有可能过了一至两个月时间，你再次看到这本书就不会再犹豫，马上就能判断出到底要还是不要。

如果过了一个月之后，你还是觉得想买下这本书，那就证明你需要这本书，这是直觉告诉你的，那就毫不犹豫地买下吧。

实际上，放入心愿单的书，过了一个月之后，80%～90%都会觉得不再需要。经过一个月的冷却时间，可以让你更加冷静地做出判断。如果判断自己不再需要这本书，就可以让我们少买一本不需要的书。

对自己需要的书进行分类和整理

书可以分为三类

虽然与本章的主题"买书"稍有偏差，这儿也向大家介绍一下图书整理的方法。

我每月读30本书，一年下来也就是三百多本书。

最近电子书多了起来，我也就尽量买电子书，但这样的话也是约2/3都是纸质书，约有200本。

如果把200本书堆起来的话，你就知道那是多大一堆书了，会占据很大的空间。所以，我需要定期整理自己的书。

我阅读的书可以分为三类：

① 与工作相关的书（可以为今后的写作提供资料的书）；

② 需要阅读两次以上的书；

③ 读一次就够了的书。

我归类为①类的书主要是精神医学、脑科学和心理学相关的书，这些书读过一次之后，后面可能会作为参考和引用的资料，会再次用到，所以需要保存好。

②类书也就是需要"深读"的书。这些书如果不反复读几遍的话，中间内容深刻的部分是无法完全理解的，或者过一段时间之后再读，自己可能有新的发现。

③类书是花30~60分钟时间快速阅读一遍就足够的书，因为读一遍就完全可以理解其中的内容精髓。

对于这三类书，第③类是没有必要长期保存的，如果要处理的话也是从这部分书开始。

处理书的方法有很多，可以卖给二手书店、放在网上拍卖、跳蚤市场等，甚至可以一扔了之。

但是，我是很难做到随便就把书扔掉的，因为我是一个爱书人，对书比较有感情，总觉得随手扔掉太可惜。

如果是杂志的话，我会将其中有必要的内容剪下，然后再处理。

把书送给别人

我是一个爱书之人，扔书对我来说实在是太痛苦了。结果就是书一直扔不掉，占据了我很大的空间。

因为不忍扔书，我就想出了另外的处理方法——送给别人。

具体来说就是，在我主办的"网络心理塾"上，每次带过去约50本书，然后告诉大家："这些书都送给大家了！需要的人可以每人拿一本。"

这样的话，书马上就没有了。

同时，拿到书的人还特别高兴——"我一直想读读这本书！""这本书看起来好有意思啊！""这么好的书，真的可以免费拿走吗？"

等等。

　　这些书本来都是要处理掉的，送给别人之后，反而会得到别人的感谢。

　　送给其他人阅读，就相当于给了这本书第二次生命，发挥了两倍的效果。我觉得，书自身如果有思想的话，也会觉得高兴吧。

　　另外，如果能够定向送给特定人的话，别人会更加高兴的。

　　例如，你读完了一本有关"说话方式"的书，把这本书送给一直觉得自己不善言谈的A先生，他觉得你特地给他送来了礼物，应该会特别感激吧。读完了有关"创业"的一本书，将这本书送给准备自主创业的B先生的话，他觉得自己正好需要这类的书，也会非常感激的。

　　将一本书送给最需要它的人，会得到别人意想不到的感激，甚至达到会让你觉得受之有愧的程度。

　　这样，将你读完的书送给别人，不仅能使你摆脱无处存放的困境，还能得到别人的感谢，简直是完美的处理方法。下次再见面的时候，你还可以问问他们读书的感想，创造一个两人共同的话题。另外，还能增加与别人分享"启发"的机会，通过多次"输出"来强化自己对已获得知识的吸收，也是送书给别人的另一个好处。

　　希望大家也都能够尝试一下！

第 **8** 章

精神科医生推荐的31本书

精神科医生推荐的本垒打书是什么

值得一读的31本书

感谢大家能读到本书的最后一章！大家读到这里估计也有一些疑问："桦泽老师这么大讲特讲读书法，你自己到底都读过什么书呢？"

正因如此，我在本书的最后一章就从我读过的书中挑出几本，向大家推荐一下。

不过，要从我过去读过的几千本书中选出值得推荐的几本书也不是那么容易的事情。最终，经过几番犹豫，我还是决定介绍一下我认为的本垒打书。

下面的31本书都曾经给过我巨大的影响，也改变了我的思考与行为方式，最终塑造了今天的我。所以，这里面的书大部分都是有关我自己的兴趣爱好，特别是精神医学、大脑科学、健康和心灵等方面的书比较多，也请大家多多见谅。

这些书都是一些大部头，也不知道这些书能否成为大家的本垒打书，总之我觉得还是具有一读的价值。

并且，我也根据难易程度做了区分，共有三类：○表示简单易懂，面向初学者；★表示专业书，是大部头；△表示中间难度。对于读书量较少的读者，建议还是从○类的书开始读起。

另外，前几章也说过，《豹头王传说》和《脑髓地狱》是改变我命运的两本书，已经做过详细的论述，这里就不再放到这31本书中去了。

有关大脑与健康的10本书

△《运动改造大脑》（约翰·瑞迪、埃里克·哈格曼）

用大量数据证明运动如何对大脑有益、运动如何对健康有益。读完这本书后，想必你运动的冲动会不可遏制。

△《GO WILD！效法原始人的生活方式找回野生的身心！》（约翰·瑞迪、理查德·曼宁）

原始人没有生活习惯病，他们的生活方式中隐藏着健康的秘诀。本书从食物、运动、睡眠等方面描述原始人的生活方式，在列举大量论文和最新科学研究成果的同时，告诉我们什么才是健康的生活方式。

○《为什么善良对健康有益？后叶催产素改变人生》（戴维德·汉密尔顿）

后叶催产素是一种控制情感的荷尔蒙，它能够缓解压力、提高自愈能力，保持身体的健康。这本书对什么时候会分泌后叶催产素做了详细说明，是有关后叶催产素的大作。

○《消除压力从大脑开始》（有田秀穗）

血清素是大脑分泌的一种物质，对消除压力有很大的作用。本书对于如何促进血清素分泌等具体方法做了介绍，是一本有关血清素的专著，对于抑郁症的预防和治疗很有帮助。

○《大脑活用学习法》（茂木健一郎）

多巴胺与兴趣激发有着很大的关系。多巴胺能够这么频繁地出现在我们的日常会话中，也多是因为茂木健一郎先生的影响吧！作为大脑研究方面的专家，茂木健一郎先生出版了很多有关大脑科学的书。这一本书对多巴胺做了通俗易懂的说明，也是我敢于推荐的原因。

△《让大脑自由：释放天赋的12条定律》（约翰·梅迪纳）

从运动、注意力、记忆、睡眠和压力等各领域对最新的大脑科学研究作了通俗的介绍，通过这一本书就可以了解大脑科学的整体现状。内容通俗易懂，富有幽默感，是一本很好的大脑科学入门书。

○《每天淡定五分钟：你能多活十几年》（小林弘幸）

日本自主神经研究的第一人所写的有关自主神经的著作，讲述了副交感神经的重要性及通过调节自主神经平衡来提高免疫力的具体方法。

○《精神科医生告诉你12种熟睡方法：日本最易懂的睡眠手册》（桦泽紫苑）

睡眠是健康必不可少的一部分，我一直没有读到有关睡眠的优秀图书，就自己写了一本。不依赖安眠药，只要改变12个生活习惯就可以治疗失眠。深受失眠困扰的各位，请务必阅读一下！

○《放下压力，疾病自愈》（桦泽紫苑）

不用变更医院、医生、药品和治疗方法，只要调整一下思维方式，就可以提高自愈能力，恢复健康。希望患有久治不愈疾病的患者、患者家属及医疗机构的医生能够阅读一下这本书。

○《将痛苦变成快乐，消除痛苦的七种方法》（桦泽紫苑）

有关缓解和消除压力的书有很多，但等到我们发现有压力的时候已经晚了。本书教你如何将当日的痛苦变为快乐，不积攒压力，不让压力过夜，享受健康快乐的人生。本书简明易懂，深受读者好评。

有关精神医学、心理学和心灵治疗方面的11本书

○《**快乐竞争力：赢得优势的7个积极心理学法则**》(肖恩·埃科尔)

在2014年我读过的300本书中，这本书是我最推荐的。读完这本书后，我就对积极心理学着了迷，就将在日本出版的有关"积极心理学"的书基本读了个遍，但发现还是这本书最好。本书结合积极心理学的研究成果和管理案例故事，论证了赢得商业和职场优势的7个积极心理学法则。肖恩·埃科尔的另一本书《幸福原动力：赢得快乐竞争的5个秘诀》也是值得推荐的一本书。

○《**接受不完美的勇气：阿德勒100句人生革命**》(小仓广)

岸见一郎的《被讨厌的勇气——"自我启发之父"阿德勒的哲学课》是一本有名的阿德勒心理学入门书，但由于我先读的《接受不完美的勇气：阿德勒100句人生革命》这本书，然后才开始对阿德勒心理学着迷。这本书简单易懂，但写出了阿德勒心理学的精髓，能够春风化雨般地深入内心。

★《**论死亡和濒临死亡**》(罗斯)

这本书对于精神科医生、心理咨询师和护士来说，是一本太有名的经典著作了。本书以癌症晚期的患者为对象，详细观察了他们接受这一结果的过程。对于从"否认"到"接受"的心理过

程的描写，无出其右者。

△《父性的复权》（林道义）

作者林道义是日本父性潮流的发起者，这本书也是有关父性的名作。在父性缺乏的今天，是很值得一读的书。同时，也可以结合林道义的另一本书——《母性的复权》一起阅读。

★《当下的幸福：我们并非不快乐》（米哈里·希斯赞特米哈伊）

最近，心流（flow）这一词语开始在体育和商业领域流行起来。心流这一概念正是由米哈里·希斯赞特米哈伊提出的，而这本书就是有关心流的第一本书。本书阐明了提高精神注意力的根本所在，我读完这本书之后根据自己的实际情况做了适合自己的研究，现在我的意识已经基本能够进入心流的状态。

★《千面英雄》（坎贝尔·约瑟夫）

本书是坎贝尔·约瑟夫的代表作，乔治·卢卡斯的经典巨作《星球大战》三部曲，便是受到坎贝尔·约瑟夫的神话概念影响而拍摄完成的。书中大胆推定全世界的神话和传说都具有同一故事情节，并用大量的资料做了论证。

★《原型理论（增补修订版）》（荣格）

我不属于心理学的任何一派，但要说对我影响最大的人，那就是荣格。特别是他的"原型理论"和"集体无意识"的概念，深深影响了我。因此，要从荣格的众多著作中推荐一本的话，我就选择了这本《原型理论》。

★《天才与精神分裂症的进化理论》(大卫·霍鲁斌)

为什么会有精神分裂症？这是很多精神科医生都关心的课题，并进行了多年的研究讨论。本书从进化、遗传基因、营养、脂类等令人惊讶的角度进行了分析。尽管结论都只是假设，但也具有很强的说服力，也可以认为是一本自然揭秘巨作。

★《挽救"正常"：扰乱精神医学的DSM-V》(阿伦·弗朗西斯)

批判精神治疗和精神医学的书很多，这本书关注的是精神医学中的健康与非健康之间的区分问题，指明了精神医学所面临的各种问题，并用很有说服力的数据加以证明，最后还提出了解决的方法。这本书并不是面向一般读者的，建议与精神医疗相关的人员务必读一下。

△《新版精神医学百科》(加藤正明等)

当了精神科医生之后，这是我看过次数最多的一本书。现在很多词语的意思在网上一搜就知道了，但是查找专业词汇的话还是要靠这种专业词典。

○《挪威的森林》(村上春树)

一提起这本书的名字，估计作者是谁都不用介绍了。在这里单独提起一本小说好像有点不合群，不过这本书是关于"自杀"和"被遗忘的人"的故事，并讲述了如何接近患有精神疾病的人以及心爱的人患了精神疾病后应该怎么办等等。当然，这本书也给了作为精神科医生的我很大的启发，并引导我走向作家这条路，因此强烈向大家推荐。

经营管理、网络相关图书，以及其他对桦泽影响较大的10本书

△《写作这回事》（斯蒂芬·埃德温·金）

斯蒂芬·金是现代美国最具代表性的畅销书作家。该书一半是作者的人生回忆录，一半是自己的创作经验谈。对于有志成为职业作家的人来说本书会令你获得很多启发。

○《大局观》（羽生善治）

羽生善治是至今仍旧活跃在第一线的日本将棋棋士，并拥有众多头衔，他出版的书都很值得一读。本书认为，随着个人年龄和阅历的增长，能力也会随之增长，对这一能力加以磨炼和提升，就完全可以和体力充沛的年轻人抗衡。看了这本书之后，人到中年的我顿时充满了勇气。

○《小圈子，大社交》（保罗·亚当斯）

人不可能和所有的人都保持亲密关系。随着亲密度越高，在

这一层次能够交往的人会越少。如果不了解以上情况的话，你就会疲于回复社交网站的点赞和评论，而分不清主次。本书对社交媒体中的沟通、圈子及传播等进行了简单易懂的阐述。

△《策展的时代：“联系”的信息革命已经开始》（佐佐木俊尚）

前面也说过，策展就是对信息的整理、分类及定义等工作。靠一人之力是无法从互联网的知识海洋中寻找到有用信息的，所以就需要策展。本书指出了策展的重要性，并准确实时地预测了社交网络等网络领域的信息革命发展的潮流。

○《手册改变人生：第四代富兰克林时间管理手册的使用指南》（富兰克林·柯维日本公司编著）

35岁之后，当我开始认真思考自己的时间和日程管理时，就读到了这本书。本书中的个人与工作分开优先顺序处理的理念使我茅塞顿开。其后的十年间，我一直在使用富兰克林时间管理手册，它已经成为我的时间管理秘书。

○《改变着装习惯，抓住人生机遇》（政近准子）

政近准子是日本首个提出个人形体概念的形体师。自从遇到她之后，原本对于时尚全无关心的我也开始关注起了时尚领域。本书阐述了“时尚是一种礼物，着装不仅仅是为了你自己，也是为了愉悦别人”——政近准子的这一时尚理念，适合生活精致的人及商务人士阅读。

○《逆说日本史》系列（井泽元彦）

本书将告诉你我们的常识里有多少错误、专家和学者的话是多么不可相信，会彻底颠覆你以往的历史观。本书极具说服力、内容易懂，阅读中让人充满期待感。真希望自己也成为这样的作家。

○《你了解旧约〈圣经〉吗》（阿刀田高）

这本书让我初次了解了圣经是一本什么样的书，它的写作目的是什么。内容不仅简单易懂，同时也充满了笑点，可以让人一气读完。除此之外，恐怕没有一本书能够这么通俗易懂地讲解《圣经》了。

○《日本人和犹太人》（伊达亚·卞达森）

本书发售时引起了极大的轰动。我也是因为这一本书才开始对犹太人感兴趣，并开始了对犹太人的研究，进而学习了希伯来语。我还曾经两次去过耶路撒冷，都是受到了这本书的影响。

★《红色盾牌：罗斯柴尔德家族之谜》（广濑隆）

在福岛核电站事故三十年前，作者就在《东京的核电站!》《警言：切尔诺贝利与日本的命运》等书中做了相关预测。大学时代读了广濑隆的书后很受震撼，后来他出的每一本书我都会阅读。但我觉得其中要数这本书最为优秀，仅仅通过资料调查就揭示了如此多的真相，可以称为非小说类文学作品的丰碑。

后 记
EPILOGUE

给你的人生打开一个新的境界

希望自己的人生有一个全新的境界！希望涨薪水！希望将来过得幸福！……

也许你也正怀着这样的想法，但很少人知道怎么做才能达到这一目标。

老龄化、人口下降、经济萎缩、贫困阶层扩大、增税、养老体系崩溃、经济破产……

日本的未来和自己的未来都是一片黑暗，一提起将来就心灰意懒。电视内容也多是一些负面的消息，很难让人对未来抱有乐观的态度。

但是，如果你自身能够成长的话，这些问题都可以解决。尽管老龄化和日本的经济衰退越来越严重，但只要你自己做好准备就完全没有问题。

那我们就自己开始"准备"吧！

但是，大家基本上都不知道应该如何"准备"。只要大家读书的话，就知道自己应该做什么"准备"了。

大家将来的人生不是一片黑暗，而是充满了光明。

能够给大家的将来打开一个新境界的就是凝结了两千多年智慧的书籍，中间的知识就是智慧的结晶。

人生可以做出各种改变，但是需要我们掌握做出改变的方法，能够教给我们这种方法的就是书籍。

未来有无限可能性，但要实现这些可能性就要给你的人生多增加一些选项，图书就是给我们人生增加选择项的工具。

将读书作为自己的习惯，实践我们从书中获得的启发，来加速自己的成长。大家的自我成长可以有更快的速度，以数倍于目前的速度来实现自我成长。

这样一来，大家的未来就不再是"绝望的未来"，而是充满希望和可能性的"幸福的未来"。

一个人的智慧是有限的，以一己之力改变人生的话，会面临很多的困难，并在遇到挫折时产生悲观、绝望的情绪。但是，读书就相当于向前人和伟人们借力，汲取两千多年智慧的结晶，将不可能变为可能。

我们在人生中遇到的各种问题基本都可以在书中找到对应方法，读完书之后，具体做还是不做，那就要看你自己了。

读书是最后的王牌。

也是你改变自己人生最后、最强的王牌。

一本1500日元的书，也就让你获得了这张王牌，一定要发挥好这张王牌的作用。

读书是一种习惯，一定要养成这种读书的习惯。

这样，解决问题的能力会有较大的提高，迄今为止困扰你的问题一个个被解决掉，心里的压力也会同时消失。进入"输入和输出"以及自我成长的通道中，你每天的生活都会很快乐。

希望大家养成读书的习惯，将无限的可能性拥入自己的怀中。有关实现这一目标的方法、自我成长和过目不忘的读书法等，我都已经在这本书中作了阐述。

我写这本书的真正原因

我以精神科医生的读书法为题目，对我的读书方法做了介绍，重点放在了提高记忆效果方面，同时还辅以最新的大脑科学研究。

这是我的生活习惯，也是我每天的生活方式和生活状态。

作为精神科医生的我，有着一种使命——减少日本人的自杀人数和降低抑郁症患病率。

并且，不仅限于精神疾病，能够减少哪怕任何一位遭受疾病折磨的人，这也是我的一个行为基准。

估计很多人都觉得："你这么一个伟大的梦想，要怎么做才能实现呢？"战略方法很简单——传播有关疾病的知识，在患病之前实现预防。很可惜的是，大部分日本人都"觉得自己不会得病"，对疾病的知识不关心，不去读疾病预防的书，也不从事相关的预防和健康活动。

如果全部日本人都关心饮食、运动和睡眠，努力养成健康的生活习惯，日本人的疾病就会减少，医疗费也会下降一半左右。

书店中有很多关于疾病预防的书，但大部分人从来不读。

前面我曾经反复说过，将近一半的日本人都没有读书的习惯，平均每人每月只读一本书。而这一本书有关健康的概率应该相当低吧！也就是说，只有具有读书习惯，且对健康比较关注的人才会阅读与健康有关的书。

我曾经出版过《放下压力，疾病自愈》《将痛苦变成快乐：消除痛苦的七种方法》等有关疾病预防的生活方式、思考方式的书，但那些有疾病风险的最主要读者对象群并没有去阅读，这是最令我痛心的现状。

对于已经生病的患者，有时你送给他们一些有关疾病的简易小册子，他们也不会阅读。这些小册子里面有如何治疗疾病的所有知识，只要阅读后照着内容去做就会对疾病有很大的帮助，但因为他们没有读书的习惯，并不会阅读其中的内容。

因此，如果希望更多的人了解有关健康、疾病预防和疾病治疗的知识，只有培养日本人的读书习惯，增加大家的读书量。

这才是作为精神科医生的我写这本书的真正目的。

在第八章中我也向大家推荐了很多书，有关于保持健康和疾病预防的书，希望对大家有所帮助。

如果这本书能够使日本人的读书量增加、使人们读更多关于健康的书、能减少哪怕一个病人，这就是作为精神科医生的我的最无上的光荣。